الأصول الاجتماعية للتربية

من منظور إسلامي

تأليف

الدكتور صدام راتب دراوشه
جامعة عمان العربية للدراسات العليا

الأستاذة أنوار سعود الشعار
ماجستير موهبة وإبداع
جامعة الأميرة نورة-الرياض

المملكة الأردنية الهاشمية

رقم الإيداع لدى دائرة

المكتبة الوطنية

(2009/12/5414)

210.7

دراوشة، صدام راتب

الأصول افجتماعية للتربية من منظور إسلامي / صدام راتب دراوشة

عمان : دار جليس الزمان، 2009 .

ر.أ.: (2009/12/5414)

الواصفات: علم الاجتماع // التربية// علوم الاسلامية/

- أعدت دائرة المكتبة الوطنية بيانات الفهرسة والتصنيف الأولية

ردمك ISBN 978- 9957- 81- 077 -1

*يتحمل المؤلف كامل المسؤولية القانونية عن محتوى مصنفه ولا يعبر هذا المصنف عن رأي دائرة المكتبة الوطنية أو أي جهة حكومية أخرى.

الطبعة الأولى

2010

الناشر

دار جليس الزمان للنشر والتوزيع

شارع الملكة رانيا- مقابل كلية الزراعة- عمارة العساف- الطابق الأرضي, هاتف:

0096265356219 -- فاكس 009626 5343052

الإهـــداء

إلى والدينا الأعزاء ...
الذين أضاءوا دربنا وكانوا لنا المثل
الأعلى والقدوة التي كان لها الفضل في
تحقيق ما نسموا إليه
إلى الأساتذة وطلبة العلم جميعا......

الفصل الأول

- خلفية الدراسة وأهميتها
- أهمية الدراسة
- أهداف الدراسة وأسئلتها
- مشكلة الدراسة
- محددات الدراسة
- التعريفات الإجرائية

أول ما مارس أصول التربية سيدنا آدم ورافقت هذه التربية آدم عليه السلام بعد أن هبط إلى الأرض، وتمثلت هذه التربية في أمر الله عز وجل لسيدنا آدم وزوجه بعدم الاقتراب من الشجرة المنهي عنها، وبعدم إطاعة عدو الله والإنسان إبليس لقوله تعالى: وَقُلْنَا يَا آدَمُ اسْكُنْ أَنتَ وَزَوْجُكَ الْجَنَّةَ وَكُلَا مِنْهَا رَغَدًا حَيْثُ شِئْتُمَا وَلَا تَقْرَبَا هَٰذِهِ الشَّجَرَةَ فَتَكُونَا مِنَ الظَّالِمِينَ [البقرة:35].

ولما عصى سيدنا آدم ربه وهبط إلى الأرض، لازمت التربية سيدنا آدم حيث تكفل المولى سبحانه وتعالى بتربيته، وذلك بأن وهب له السمع والبصر، وقوة التفكير والتأمل، وبين له الحق سبحانه وتعالى النهج الرباني السليم، المتمثل في إطاعة أوامر الله تعالى كما بين له نهج الشيطان المتمثل في عصيان أوامر الله وإطاعة أوامر الشيطان (البابنة، 2002).

فالتربية عند المربين هي عملية تكيف بين الفرد وبيئته، وهذه العملية تنشأ من اشتراك الفرد، بطريقة مباشرة أو غير مباشرة، في الحياة الاجتماعية الواعية للجنس البشري، وباستمرار هذه المشاركة واتصالها تتشكل عادات الفرد واتجاهاته وقيمه الفكرية والخُلقية والاجتماعية فهي تمثل الحصيلة الكلية لاتخاذ الخبرات الإنسانية التي تُشكل ما يُسمى بالشخصية، فتبدو من هنا متطورة مستمرة تسير داخل الإنسان، هادفة إلى أن يصبح إنساناً فيه خصائص الكائن الإنساني من التفكير والإرادة والوجدان (سرحان، 1982).

ولما كانت فلسفة التربية وأهدافها وأساليبها ومعاييرها تحددها ثقافة المجتمع وفلسفته وأهدافه ونظمه الاجتماعية ووضعه الاجتماعي والاقتصادي وتطلعاته

وإمكانياته لذلك فإن عملية التربية لا بـد أن تختلف مـن بيئـة إلى أخرى، ومـن مجتمع إلى آخر (مرسي، 2002).

وتنطلق دراسة الأصول الاجتماعية للتربية مـن منظور إسلامي لدراسة السـلوك الفردي مـن حيـث المقبـول والمرفـوض، وكـذلك السـلوك الأسري مـن حيـث المقبـول والمرفوض، والعلاقات الاجتماعية بين المسلمين، وسبل تعميقها على أسس وقيم متينة.

خلق اللـه الإنسان الفرد على الرغم من وحدة التكـوين ووحدة المنشأ بوصفه مخلوقاً من طين الأرض، ونفخة من روح اللـه، ووحدة المصير بوصفه مـن الأرض خُلـق، وإليها يعود، ومنها يخرج مرة أخرى، ووحدة الخلق، لأنه خلق بـإرادة واحدة مطلقة، هي إرادة الخالق عز وجل، فهو لا يُشكل نماذج متشابهة متماثلة ذات قدرات واحدة، وإنما على العكس؛ فقد اقتضت حكمة الخالق أن لا يكون الأمر كذلك، فاختلف النـاس في كل شيء، حتى في أدق التفاصيل كبصمات الأصابع، فقد جعلهـم اللـه يختلفون في الأجسام، كما يختلفون في النفوس على الرغم مـن أن الأجسـام كلها خلقت مـن طين، والنفوس البشرية كلها خلقت من نفس واحدة، وهـي بـدورها تعـود إلى مصـدر واحـد وهي قدرة اللـه (مفيدة، 1997).

جاء الإسلام من خلال وضع منهج للتربية الفردية للمسلم، وحدد لكل مسلم دوراً وواجباً ومسؤولية، وهناك حد أدنى من المسؤوليات، يشترك فيها المسـلمون جميعـاً، ثم تنمو المسؤوليات مع نمو الوسع والطاقة، حتى إذا أصبح المسـلم داعيـة لله ورسوله، وانطلق ذلك من إيمانه وعمله ويقينه، فالحق لـه أن يعتبر قضية الإيمان والتوحيـد والدعوة، هي القضية الكبرى الخطيرة في حياته، ثم تليهـا سـائر القضايا حسب وزنها ومنزلتها في منهاج اللـه. ولقد نظم الإسلام حياة الإنسان المسلم كلها، حدد موعد نومـه واستيقاظه، وسعيه وبذله وإنفاقه وجهاده، وتعامله مع الآخرين في المجتمع، حـدد لـه منهج حياة متكاملة، حتى إذا وعاه ووعى واقعه

وضع خطته على أساس من ذلك، على أساس الركنين الأساسيين في النظرية العامة للدعوة الإسلامية: المنهج الرباني، والواقع المجتمعي المعاش، فيكون للمسلم حاكم لسلوكه من خلال المجال العلمي للتربية الفردية، ويقصد به سلوك الفرد والطرق الموصلة للعلم النافع الواجب، ويكون كذلك للفرد المسلم برنامج سلوكي اجتماعي تعبدي يسير عليه، ويزداد به إيماناً ورفعة ودرجة في الدنيا والآخرة (فريد، 1999).

وقد كان المنهج العام للتربية المنهج الذي تقوم به الدعوة؛ للوصول إلى الهدف المنشود وهي تربية جيل على النمط الأول، وعلى هُدى الصحابة لذلك كان من مهمات التربية الإسلامية أن توجه إنسانها إلى النظر في وقائع الاجتماع البشري في الماضي والحاضر والمستقبل، وإلى أن يجوب الأرض بحثاً عن المواقع التي جرت فيها الوقائع الماضية، فينقب في آثارها لدراستها وتحليلها واستخلاص الخبرات المربية التي تؤثر في الخبرات التي تتلوها، وعلى التربية الإسلامية ومؤسساتها أن توجه المتعلم وتدربه على تحليل وقائع الحاضر لشهود أثر السنن الاجتماعية وقوانينها، وتجنب الاصطدام بها، والتوافق معها لعبور المستقبل واستشراقه (الكيلاني، 1996).

واعتنى الإسلام بتربية الأسرة المسلمة، ولذلك اقتضت حكمته تعالى أن يخلق من كل شيء في الحياة زوجين، ليستمر حبل الحياة موصولاً في كل نوع، وشاءت رحمته أن يميز الإنسان، وقد كرمه على كثير من مخلوقاته. فجعل التزاوج بين ذكره وأنثاه مع أدائه وظيفته، وهي استمرار النوع، سبيلاً للطمأنينة وأساساً للمودة والرحمة، لكل من الرجل وزوجته، ثم شرع له قوانين دينه مما يحفظ لهذه الصفة قدسيتها، لذلك جاء البيان القرآني والنبوي، ليبين للرجل الحق في اختيار قرينة حياته، فإنها بالمثل موجهة إلى المرأة، عندما يكون من شأنها أن تستأمر في نكاحها، فالأسرة هي عماد المجتمع، وجاء القرآن الكريم والحديث الشريف ليحدد مسؤولية

كل فرد في الأسرة، وصار عمل كل منهم مكملاً لعمل الآخرين فيها وأحس كل بأن له مكاناً يحقق إنسانيته في هذا المجتمع الصغير، فتهدأ نفسه ويخلص في واجبه ووظيفة الأسرة، وواجب الجماعة يرتكز في المحافظة على عدم المساس بما جاء به الشرع، وفي مراقبة الأفراد في ممارستهم، لما أوجب من فعل أو ترك، فالفرد حين يقوم بواجب الأمر بالمعروف والنهي عن المنكر، إنما يدافع عن نفسه، وعن أسباب بقائه، فالأسرة تنجب الأبناء وتربيهم وتؤهلهم إلى المدرسة، والمدرسة تقوم بواجب اجتماعي من خلال تعليمهم وتأهيلهم إلى المجتمع ليصبحوا أفراداً مؤثرين في ذلك المجتمع مما يحقق لهم البقاء، وزيادة الإنتاجية في المجتمع (مهنا، 1982).

أن للمدرسة مكاناً مرموقاً بين عوامل التربية، وهي أصل من الأصول الاجتماعية للتربية، وترجع أهمية دور المدرسة في التربية إلى أنها هي الحلقة الوسيطة بين مجتمع الأسرة الضعيف ومجتمع الحياة الواسع، ففي الأسرة يتعامل الناشئ مع أفراد قلائل لا تتغير صفاتهم الجسمية أو خصائصهم السيكولوجية والاجتماعية إلا ببطء. وفي هذا المجتمع الضيق قد يتدرب على التعامل الجيد، وعلى الأخذ والعطاء أو قد يصبه الانطواء والالتفاف حول الذات، وقد يعاني صنوفاً من القسوة المتزايدة تحرمه من الشخصية الفريدة المتميزة،كما أن مجتمع الأسرة قد يُلبي كافة احتياجات هذا الناشئ بصورة تحرمه من المقدرة على المبادأة، والاعتماد على النفس كل هذا يتوقف على التنشئة الاجتماعية، التي تلقاها في الأسرة وحماية الصغير، وعندما تستقبل المدرسة هذه الناشئ فإنه يواجه مجتمعاً جديداً، يتميز عن مجتمع الأسرة بكبر حجمه، وغرابة تكوينه فهو يضم أفراداً لا يشاركونه حياته الأسرية، ولا يتعاملون معه بالأسلوب الذي ألفه، ولا بد أن يواجه الصغير قسطاً من عدم التكيف في بداية عهده بمجتمع المدرسة، فإذا ما تلقفته الأيدي الواعية بين المربين والأخصائيين الاجتماعيين، فإنه سرعان ما يجتاز هذه

الحواجز، ويتكيف للجو المدرسي وللنظم المدرسية وتصبح المدرسة مجتمعاً يرتبط باهتمامات لا تقل في قوتها عن اهتماماته الأسرية (محفوظ،1979).

إن الأسرة مرتبطة بالمدرسة حيث هي الشكل الاجتماعي الأول في الحياة الإنسانية، وهي إحدى الجماعات الصغيرة العديدة، حيث تقوم بينهما علاقات يطلق عليها الجماعات. وإذا كان التحليل في علم الحياة يقف عند الخلية، فإنه في علم الاجتماع، يقف عند الأسرة باعتبارها الوحدة الاجتماعية في التنظيم الاجتماعي (ناصر، 1984).

فالأسرة هي الوسط الذي اصطلح عليه المجتمع لإشباع غرائز الإنسان، ومختلف دوافعه النفسية وذلك مثل: حب البقاء، وتحقيق العواطف، والانفعالات الاجتماعية، كعاطفة غريزة الأبوة والأمومة والأخوة (عبد الباقي، 1974).

ويتبين من هذا أن الأسرة عماد المجتمع، وهي أساس بنائه، والإسلام دين الفطرة وشريعة الحياة إلى يوم الدين، وقد اهتم بالأسرة اهتماماً خاصاً، يتلائم مع مكانتها في المجتمع، ورسالتها في الحياة؛ فهي المدرسة الأولى في حياة الأفراد حيث تغرس في نفوسهم الفضائل الدينية، والمودة والمحبة والعطف والتعاون. والأسرة المؤمنة هي التي تحيا في ضوء تعليمات القرآن الكريم، والسنة النبوية الشريفة.

ونظراً لابتعاد الفرد سلوكياً وتعبدياً واجتماعياً وأسرياً، ولتنوع التربيات واختلافها في الفكر والمعتقدات وتعددها ظهر هناك أنواع لأصول التربية كالأصول التاريخية والثقافية والنفسية والسياسية والاقتصادية التي كان لها الأثر في تشتت الأفكار التربوية.

إن الأصول التاريخية كما ذكرنا سالفاً تنطلق من عهد سيدنا آدم، الذي يُعتبر أول بشر على وجه الأرض مارس أصول التربية، بل تتحدد أكثر في حادثة قابيل وهابيل أبناء آدم عندما قتل قابيل أخاه هابيل، ولم يعرف الوسيلة التي يخفي بها جثة

أخيه، فبعث الله له غراباً ليريه كيف يواري سوأة أخيه فإذا بالغراب يقتل أخاه ثم يحفر له في الأرض ويدفنه، جاء القرآن ليصور هذا المعنى، ولتكون هذه الحادثة هي أصل من الأصول التاريخية للتربية، حيث يتعلم فيها الإنسان كيف يتصرف في الموقف، ويحاكي ويقلد غيره لتزداد خبرته في المواقف، ولتبدأ معه التربية عن طريق الممارسة، والتعليم والمحاكاة ومن هُنا تنطلق الأصول التاريخية للتربية والمتمثلة بتربية الأقوام القديمة، لأنها الأساس الذي بُنيت عليه الأصول، والأسس الحديثة للتربية والتي ما زالت تحمل في ثناياها بذور تلك التربية البدائية (الطبيب، 1999).

جاءت الأصول الثقافية للتربية لتشير إلى ما أوجده الإنسان، وابتكره خلال حقب التاريخ من أفكار ومعارف، ومعتقدات ونظم، ومهارات وأنماط سلوك، وما صنعه من أدوات وآلات وملابس، وما شيده من مباني ومصانع وسدود، وما ابتكره من موسيقى وفن ونحت، إلى غير ذلك مما أوجده المجتمع، وسهل حياته، ونظم علاقات أفراده مع الطبيعة، وعلاقات بعضهم ببعض، وما كونه من نظم ومؤسسات وهيئات، تُنظم أنساق الثقافة مع نفسها ومع غيرها، وكل هذا يطلق عليه الثقافة، وذلك للدلالة على قدرة الشعب فيما أنتجه عقله ويده، والتربية بهذا تُعدَ وسيلة المجتمع في استمرار حياة الجماعة وتفاعل أعضائه، من أجل تغير حياته إلى الأفضل، والتربية أداة الثقافة في الحفاظ عليها نقلاً وتجديداً، فكلما تطورت أساليب وطرق حياة المجتمع، وتعقدت ثقافته تزايدت الحاجةُ إلى المؤسسات التربوية لإكساب الفرد ثقافة مجتمعهم (ناصر، 2004).

وكانت الأصول الاقتصادية تشير إلى أن الإنسان لا يستغني عن الجماعة التي يعيش فيها، بمعنى أنه لا يمكن أن يعمل بهدف إنتاج كل ما يحتاج إليه بنفسه ولنفسه، بغض النظر عن الآخرين. والإنسان يتأثر بسلوكه الفردي وهو مستقل به، ويتعلق ببناء شخصيته ومكوناتها وبأعماله اليومية وطبيعة هذه الأعمال ونوعها. ويعمل بجهده ليسعى إلى تحسين ذاته ودخله وعيشه، وهُناك أثر متبادل بين التعليم

والاقتصاد؛ وذلك أن أساس التقدم في المجتمعات المعاصرة الاقتصاد والتربية (مطاوع، 1991).

وهُناك أصول فلسفيةٌ ونفسيةٌ وسياسيةٌ للتربية، وذلك أن الفلسفة وثيقةُ الصلة بالتربية بل إنهما وجهان لعملةٍ واحدةٍ، فعندما يصل المجتمع أو الأفراد إلى أفكار ومعتقدات، وتصاغ في صورة أحكام ومسلماتٍ بعد الدراسة والبحث، لذلك ظهرت فلسفة التربية لتوجيه النظام التربوي في كليته وعموميته، وللتربية أصولها النفسية من خلال أنها نقطة بداية التربية ونهايتها هو التلميذ، وغايتها إكساب المتعلم مجموعة من المهارات السلوكية والعادات الانفعالية، والفكرية، والاتجاهات بطريقة متكاملةٍ تحقق له التوافق مع نفسه، ومع بيئته ومجتمعه وهُناك الأصول السياسية للتربية وأن العلاقة وثيقة بين السياسة والتربية، وتوطدت عندها تزايد الاهتمام بالجانب السياسي، وتكوين المواطن وتشكيل توجهه السياسي، وتُمثل هذه العلاقة فيما تستمده التربية من سياسة المجتمع والأهداف السياسية والنظام التعليمي وأسس بناء النظرية التربوية (بدران، 1994).

ومن خلال إطلاع الباحث على المراجع والدراسات وجد هناك تمزقاً وابتعاداً وتعارضاً وتضاداً في الأصول الاجتماعية في البلاد العربية والإسلامية ولذلك سوف يشير إلى النظرة الصحيحة لهذه الأصول الاجتماعية وواقعها التربوي في التربية الإسلامية.

تعُد الأصول الاجتماعية المدخل الواقعي لفهم طبيعة التربية، وتحديد وظيفتها وأهدافها فالتربية قبل كل شيء هي ظاهرة اجتماعية بكل أبعادها، فالتربية لا تقوم في فراغ وإنما في مجتمع، هو وعائها الذي تتحرك فيه، فيه تشتق شخصيتها ومقومات بنائها. نظمها وأفكارها، قيمها واتجاهاتها، ومنه تستمد وظائفها وأهدافها، وإليه ينتهي عمل التربية، ومهما تعقدت أدوار التربية، واستعانت بمعارف وعلوم فإنه في نهاية المطاف لعملها هو مجتمعها الذي أوجدها، فالمعرفة التي

يقدمها نظام التعليم لأفراد المجتمع مثلاً، ومهما بلغت درجت تعقدها فلها صفتها، ووظيفتها الاجتماعية، أي أن مجال استخدامها هو الحياة الاجتماعية، وإلا لا معنى لها ولا فائدة منها، وكل تربية تحمل صفات مجتمعها، مهما كانت ظروف هذا المجتمع، ومستوى نُظمه، تطوره وتخلفه، وما نظريات التربية إلا مفاهيم عن المجتمع والثقافة، ودور الثقافة فيها، وتختلف هذه النظريات باختلاف وجهات النظر إلى طبيعة الفرد وعلاقته بالمجتمع (محمد، 2002).

وللتربية أصولها الاجتماعية والثقافية المستمدة من علم الاجتماع وعلم الانثربولوجيا، وهي الأصول التي حولت التربية من عملية فردية إلى عملية جماعية ثقافية، وذلك أن المدخل إلى فهم التربية ينبغي ألا يكون من زاوية الفرد وحده، أو من زاوية المجتمع مجرداً عن حياة الأفراد، وما يعيشون فيه من أنظمة وعلاقات وقيم وتقاليد وأيدلوجيا، فالتربية لا يمكن تصورها في فراغ إذ تستمد مقوماتها من المجتمع الذي تعمل فيه، كما أنها تهدف إلى تحويل الفرد، من مواطن بالقوة بحكم مولده إلى مواطن بالفعل يفهم دورهُ الاجتماعي والسياسي في المجتمع الذي يعيش فيه (الفنيش، 1996).

أن التغيرات التي تعصف في بناء النظم التربوية تكون عادةً نتيجة سلسلةٍ من المؤثرات التي تعكس إجماع المجتمع على ما يجب أن تفعله المدارس، ويدخل التجديد في الصورة الاجتماعية كأداة منطقية لإحداث التغيرات التي تساعد المدارس على تبنيها المعرفة الجديدة التي تجدد الحياة فيها، وفي أنشطتها وبرامجها، وأن للتربية بحكم موقعها في المجتمع دوراً قيادياً ومن هُنا فإن عليها أن تقود التغير الاجتماعي، وتوجه تأثير الثقافات بعضها مع بعض وعليها أن تواجه نفس المشكلات التي يواجهها المجتمع وأن تضطلع بدور نشيط في أمور المجتمع وتصلح من شأنها وشأن المجتمع (مرسي، 2001).

فالتربية عملية اجتماعية هادفة ذاتُ مراحل وأهداف، يقوم بها وسطاء بصورة غير رسمية مثل الأسرة ووسائل الأعلام والمدرسة والمسجد ودور العبادة ورفقاء اللعب ومؤسسات المجتمع الأخرى أو بصورة رسميةٍ وفق فلسفةٍ وأهدافٍ محددة واضحة ووسائل لتحقيق هذه الأهداف كالمدرسة فتشكل بالتالي فرداً اجتماعياً فتكسبه نمطاً من الشخصية يُميزه عن غيره من الأفراد في مجتمعٍ ما (السيد، 1993).

ولكي نستطيع التعمق في الأصول الاجتماعية للتربية الإسلامية فنحن في حاجةٍ ماسةٍ للتعمق في بعض فروع علـم الاجتماع، ولا سيما علـم الاجتماع العام، وعلـم الاجتماع التربوي ومن خلال هذه الفروع وغيرها نستطيع إدراك التفاعل بين التربية والمجتمع بكل ما تحتويه من نظم وثقافةٍ وتنظيمات وعمليات للإشارة لميدان الأصول الاجتماعية للتربية، حيث أن أهداف التربية وأهداف المدرسة لا تنبع من داخلها بل من المجتمع الذي أنشأها وتعهدها بالتمويل والرعاية، تحقيقاً لأهدافه القريبة والبعيدة الواضحة والخفية (حسان وأحمد وسليمان والراوي، 1998).

ومن هُنا جاءت التربية الإسلامية لتكوين روح الخير في الفرد، بحيث يلتزم الخير في سلوكه ويسعى لتحقيق الخير للناس ما استطاع إلى ذلك سبيلاً، وتكوين روح الأخوة الإسلامية من خلال تربية الإسلام أبناءه على أن إنسانية الفرد تقتضي أن ينظر إلى الناس كما ينظر لنفسه، وتكوين الوعي بوحدة المجتمع والحياة الاجتماعية، وذلك أن عمق الحياة الاجتماعية يعني وحدة البناء الاجتماعي وتوحد الفرد كجسد واحد وتكوين روح الالتزام الخُلقي في المجتمع من خلال تعامل الفرد تجاه الآخرين (الجيار، 1983).

والدين الإسلامي إنما ينهض في جملة عقائده ومبادئه على أسس ومقتضيات عقليةٍ ثابتةٍ، يستنهض لفهمها المنطق والفكر، فالعقيدة عندنا فيما تُمليه علينا حقائق

الإسلام نفسه يجب أن تكون الأساس المطلق للإرادة والرغبات فجاء الإسلام بتربية من خلال ضبط السلوك الفردي بضابطٍ إلزامي ألا وهو الإسلام وعمل على توطيد ركائز السلوك الأسري وحدد الواجب والمباح لعملها ولتصرفاتها وأشار إلى المبدأ الإسلامي في علاقات المسلمين الاجتماعية مع بعضها البعض (البوطي، 1980).

ولو نظرنا إلى كلمة (أصولٍ) فهي جمع أصل، والأصل معناه أساس الشيء، أي أساس تكوينه فالشجرة أُصلُهَا حبةٌ تتكون من ريشةٍ وجدير، الذي هو أصل وأساس الجذور التي نسميها بالجذور الأصلية، وأصل تكوين الكائن البشري من حيوان منوي وبويضة، وأصلُ التربية هي كل ما تستند إليه من مبادئ وأسس ومفاهيم وأساليب نظريةٍ وتطبيقية تقوم بتوجيه الكائن البشري الوجهة السليمة (التل، 1996).

وقيل الأصول في التربية: هي العمق الذي يكسبها صفتها كمهنية ووظيفتها كقوة اجتماعية، والدراسة في الأصول هي دراسة المسلمات والفرضيات والتطورات التي تؤثر على الممارسات التعليمية (مطاوع، 1991).

أما مصطلح الأصول الاجتماعية للتربية: فهي التربية التي تأخذ أولى أسسها وأهدافها وموجهات عملها من المجتمع، وتلتزم في إطار ثقافته، بما يسعى إليه هذا المجتمع، أو ما يتطلع إليه، ثم تغييره إلى أفضل صورة يرغبها المجتمع لنفسه (الشيبي، 2000).

وأرى أن الأصول الاجتماعية للتربية تنطلق من ثقافة المجتمع ومبادئه وأهدافه ومرتكزاته وعاداته وتقاليده والتي تشكل ذلك المجتمع وتعكس مظهره وتطلعاته.

أهمية الدراسة

تبرز أهمية هذه الدراسة في كشف الأصول الاجتماعية للتربيـة الإسـلامية وبيانهـا ليجسدها المربون في واقعهم التربوي، كأصولٍ تربويةٍ إيجابيةٍ تساعدُ في اجتثاث أفكارٍ تربوية سلبيةٍ، وتُسهم في إيجاد التربـوي المـؤمن بربـه المتكامـل في شخصيته، المتـزن في سلوكه فتخلق فرداً محصناً في عصر انتشر فيه الفساد وشاع الانحلال الأخلاقـي، وأصبح مظهراً من مظاهر التخلف الذي يلفُ العالم الإسلامي، وبات المربي المسلم يعيشُ في صراعٍ فكري وضعفٍ حادٍ في التفكير العقلاني السليم، وبُعد مناهجنا عن الأصول الاجتماعية المستقاة من القرآن الكريم والسنة النبوية مثل التعاون والإيخاء والكرم والمودة والعطف.

كما تستمد الدراسة أهميتها من الموضوع الذي تتناوله، والدور الذي تقوم به الأصول الاجتماعية للتربية الإسلامية، من حيث إنها المنطلق الفكري والموجه والضابط والدافع للسلوك الفردي، وللسلوك الأسري، وللعلاقات الاجتماعية بين المسلمين، إذ إن سلوك الفرد غالباً ما يصدر عن الفرد بإيحاء من أصول عقيدته التي يؤمن بها، لأن عقيدته هي القاعدة الأساسيةُ لأفكاره ومفاهيمه عن الحياة والمجتمع الذي يعيش فيه، ومنها انبثقت كافة أنظمة حياته، وقيمه وأخلاقه، ومبادئه الاجتماعية، ومنها أخ رؤيته عن الحياة والكون ومنها اتخذ قواعد ومقاييس لتمييز العلوم خبيثها من طيبها وغثها من سمينها.

وتُشكل هذه الدراسة أهمية في الوقوف على المنابع الأصلية للأصول الاجتماعية الإسلامية والتي استمدت منها الفلسفات والآراء المتعددة على الساحة الفكرية التي تُشكل بوجودها أشكالاً من الصراع في المدارس الفكرية المتعددة.

وقد شعر الباحث بكيفية تضارب الأصول الاجتماعية في المجتمعات الإسلامية وتضادها، مما أدى إلى ضعف التلاحم والتواد والتعاون. وتكمن أهمية

الدراسة من خلال التناغم والتلاحم والانسجام في المعتقدات الاجتماعية للتربية الإسلامية في بعضها والتضاد في بعضها الآخر.

أهداف الدراسة

تهدف هذه الدراسة إلى بيان الأصول الاجتماعية للتربية الإسلامية كأصل من أصول التربية، والتربية الإسلامية المتمثلة بالقرآن الكريم والسنة النبوية، وذلك بكونها إحدى الأصول الاجتماعية للإنسان.

وتسعى هذه الدراسة لتحقيق أهداف منها:

● الكشف عن الأصول الاجتماعية الكامنة في القرآن الكريم والسنة النبوية على اعتبار أن هذه الأصول التي يرجع لها الكثير من العلوم وتعمل على الاتساق بين التربويين والمجتمع وتنطلق من الأسرة إلى المدرس.

● بيان أن هذه الأصول الاجتماعية متجسدة في القرآن الكريم والسنة النبوية وأن الله سبحانه وتعالى أمر بتطبيق نظرياتها ومبادئها من خلال الآيات القرآنية والأحاديث النبوية التي تشير إلى هذه الأصول الاجتماعية التربوية المتجذرة في آيات القرآن الكريم والأحاديث النبوية الشريفة والعمل على بيان ما هو غير معتدل منها.

وتكمن أسئلة الدراسة

ولتحقيق هذه الأهداف لا بد من الإجابة عن السؤال التالي:

ما الأصول الاجتماعية التي تضمنها القرآن الكريم والسنة النبوية الشريفة؟

وينبثق عن هذا السؤال الأسئلة التالية:

- ما أهم معالم نظرة الإسلام للسلوك الفردي من حيث المقبول والمرفوض؟

- ما أهم معالم نظرة الإسلام للسلوكات الفردية الغير مرغوب فيها من حيث قبولها ورفضها.

- ما أهم معالم نظرة الإسلام للسلوك الأسري من حيث المقبول والمرفوض؟

- ما أهم معالم نظرة الإسلام للعلاقات الاجتماعية بين المسلمين؟

مشكلة الدراسة:

وتتحدد مشكلة الدراسة من خلال التعرف على مواطن الخلل في المجتمع المسلم المعاصر، سلوكياً، تعبدياً، اجتماعياً، أسرياً. والتعرف على أثر المبادئ الاجتماعية الإسلامية، سلوكياً، تعبدياً، اجتماعياً، وأسرياً. وتكمن المشكلة في أن التربية الحالية لا تقوم على الأصول الاجتماعية الإسلامية.

وتتحدد مشكلة الدراسة في بيان الأصول الاجتماعية للتربية من منظور إسلامي من خلال التناغم والتوائم يبين المعتقدات الاجتماعية.

حدود الدراسة:

قام الباحث بمسح آيات القرآن الكريم والأحاديث النبوية الشريفة وتحليلها وبحثها واستخراج دلالاتها لبيان معالم الأصول الاجتماعية في آيات القرآن الكريم من خلال:

1. اقتصرت هذه الدراسة على تحليل نصوص آيات القرآن الكريم واستخراج الأصول الاجتماعية الواردة فيها والمتعلقة بالجانب

الاجتماعي في العلاقات العامة، والأصول الخاصة بين أفراد المجتمع، والتي تتضمن أسس ومبادئ التربية الاجتماعية اللازمة لتنشئة الفرد تنشئة اجتماعية سليمة بتحليل مضامين تلك الآيات القرآنية مع الاستعانة ببعض الأحاديث من السنة النبوية الشريفة.

2. اعتماد الباحث على الاستعانة بكتاب الله والسنة النبوية المبينة للآيات وبعدد قليل من التفاسير من كتاب الجامع لأحكام القرآن، تفسير القرطبي، وتفسير التحرير والتنوير لابن عاشور، وتفسير المنار للشيخ محمد عبده (تحقيق محمد رشيد رضا)، وتفسير ظلال القرآن لسيد قطب، وبعدد من كتب الحديث الشريف.

التعريفات الإجرائية

التربية الإسلامية: هي الوسيلة المثلى المستخدمة في توضيح دعائم العقيدة، والمُثل والقيم في نفوس أبناء المجتمع وفق الإطار العام للنهج الإسلامي، وما يرافق ذلك في إعداد كافة أبناء المجتمع أفراداً وجماعات لحشد طاقاتهم التربوية والعملية وفق قدراتهم الفردية والجماعية بما يتناسب مع معطيات العصر ــ الحاضر الذي يعيشونه لتحقيق الأهداف الفردية والجماعية التي ينشدها أفراد المجتمع المسلم وفق تعاليم الإسلام الغراء وهي التي تستند في جذورها الأصلية إلى القرآن الكريم والسنة النبوية (الحياري، 1994).

الأصول الاجتماعية: هي التربية التي تأخذ أولى أسسها وأهدافها وموجهات عملها من المجتمع وتلتزم في إطار ثقافته، بما يسعى إليه هذا المجتمع أو ما يتطلع إليه، ثم تغييره إلى أفضل صورة يرغبها المجتمع لنفسه (الرشدان، 1987).

هذا وقد قسمت هذه الدراسة إلى خمسة فصول:

تناولتُ في الفصل الأول التمهيد للبحث وأهميته، وأهدافه، وأسئلته، وفي الفصل الثاني تناولت الأدب النظري، والدراسات السابقة وتناولت في الفصل الثالث الطريقة والإجراءات، وعرضت في الفصل الرابع نتائج الدراسة، وفي الفصل الخامس مناقشة النتائج والتوصيات، وذكرت كذلك المراجع وبعدها تلخيص البحث باللغة الإنجليزية.

الفصل الثاني
الأدب النظري والدراسات السابقة

أولاً: الأدب النظري:

قام الباحث بتقسيم الأدب النظري إلى ثلاثة أقسام وعرض كل قسم من هذه الأقسام على حده حتى يكون ذلك تسهيلاً للقارئ وتم تقسيمه إلى ما يلي:

أولاً: الأدب النظري الذي أشار إلى السلوك الفردي من حيث المقبول والمرفوض.

ثانياً: الأدب النظري الذي أشار إلى السلوك الأسري من حيث المقبول والمرفوض.

ثالثاً: الأدب النظري الذي أشار إلى العلاقات الاجتماعية بين المسلمين.

أولاً: الأدب النظري الذي أشار إلى السلوك الفردي

من حيث المقبول والمرفوض

يجب أن يكون سلوك الفرد المسلم وفقاً لمبادئ الشريعة الإسلامية مع نفسه ومع الآخرين ويتمثل ذلك من خلال: برَّ الوالدين، والأمانة، ومعاملة الجار، والوفاء بالعهد، الصدق، ورحمة الضعيف، والعطف على المساكين، والتصدق والإنفاق، والجود، والتعاون، والكرم والتسامح، والتواضع، والوقار، والعدل، والقناعة، والحلم، والإحسان، والأمر بالمعروف والنهي عن المنكر، والعفو، والصفح، والنقاء والطهر، والطاعة، والتقوى، والإصلاح بين الناس والصبر، وحسن الظن، والكرم، وقول الحق.

وأشار (شحاتة، 2003) أن من الأصول والأخلاق الاجتماعية الصدق، وعن طريقه تصل إلى رأس الفضيلة، وشيمة الصالحين، وهو باب النجاح في الدنيا والآخرة ومنجاة للمسلم، وعكسه الكذب فهو مهواة. ولقُّب محمد صلى الله عليه وسلم بالصادق الأمين، ويهدي الصدق إلى البِّر والنقاء ويؤدي بالإنسان إلى الجنة وهو من صفات عباد الله المؤمنين.

وقد أشار ابن تيمية المشار إليه في بدران والحاجي، 2003) أن حُسن الظن بالآخرين هو سبيل للمحافظة على تماسك الجسد الإسلامي من النزاعات والعادات التي تصدع بهذا الجسد، ويؤدي حسن الظن إلى الحياة الاجتماعية الفريدة، وفق مبادئ القرآن الكريم والسنة المطهرة.

وفي بيان إلى (الزحيلي، 2002) أشار إلى أن من صفات المسلم أنه يجمع خصال الخير من خلال البِّر ويتمثل بإيتاء المال لذي القربى، والأيتام والمساكين، وأبناء السبيل والمحتاجين، والوفاء بالعهد والصبر على الشدة، وصلة الرحم، وبر

الوالدين في حياتهما وبعد مماتهما، والصدق، ورحمة الضعيف، وإعانة ذوي الحاجة والإحسان إليهما.

وفي بيان إلى (رجب، 1998) أشار بأن العزة من فضائل المؤمنين، وهي خُلق العلماء من المسلمين وباعتبارهم صفوة المؤمنين وهي عزة بمواجهة المتكبرين المتعالين.

وفي إشارة إلى (الآزدي، 1997) أن السخرية هي محاكاة الناس أو أفعالهم أو صفاتهم وخلقهم قولاً وفعلاً على طرف الاستهزاء والطعن، ويورث العداوة والتكبر واستصغار المستهزئ وأنه ويتضمن الغيبة أيضاً وجاء الشرع ونهى عن سخرية الفرد بالآخرين.

وقد أكد (الدجوي، 1997) بأن الأصل الاجتماعي الذي يتمثل بسلوك الفرد يكون من خلال الأدب، والحِلم، والصدق، والحياء، والتواضع، والصبر، والعفو، والاقتصاد، والعدل، والعفة، والمودة، والمشورة، والإيخاء، والتعاون، والرفق والأمانة والكرم والأمر بالمعروف والإحسان، والشكر والإخلاص والأمل، والاستقامة والاعتدال، وتجنب الظن، وتجنب التجسس وتجنب الحقد والغيبة، والنميمة، والتحلي بحسن الخلق.

وقد بيَّن (حاتم، 1995) بأنه لا بد أن يكون بين أفراد المسلمين تضامن ووحدة اجتماعية تنبثق من التراث الإسلامي والعادات والتقاليد النابعة من القرآن والسنة حتى يكون مجتمعناً متراحماً متعاضداً آمراً بالمعروف وناهياً عن المنكر.

وأكد (القرضاوي، 1995) بأن المسلمين أخلصوا لله تعالى بالنية، فأرادوا وجه الله تعالى بالعمل، وتصفيته من كل شوب ذاتي أو دنيوي، فلا ينبعث العمل إلا لله تعالى والدار الآخرة ويؤدي إلى التخلص من كل رق، ويتحرر من كل

عبودية لغير الله تعالى وإلى إفراد الله عز وجل بالعبادة والاستعانة به، ويكون المسلم يتنور ببصيرة الإيمان، وأنوار القرآن.

وقد بيّن (موسى، 1994) أنه لا بدَّ للإنسان المسلم أن يتحلى بنوع من القوة في نفسه توقضه وترجعه عن بعض الأفعال، وتنمي هذه القوة من خلال تهذيب النفس والعفة والنقاء والطهارة وهي تكمن الضمير ومراقبة الذات الإنسانية.

وكذلك بين (الحليبي، 1994) بأن تطبيق الأصول والمبادئ الاجتماعية في سلوك الفرد المسلم يؤدي إلى: تنظيم المجتمع، والأمن والاستقرار الاجتماعي، والعدل ورد المظالم، وحماية المجتمع من الرذائل.

لقد أشار (سعود، 1991) أن المسلم من خلال مكارم الإسلام وفضائله في السنة النبوية، أن هيا له من يرعاه، فالمسلم يعترف بهذا الواجب في حق والديه، ويؤديه كاملاً طاعةً لله تعالى، وتنفيذاً لوصيته فإنه يلتزم كذلك ببر الوالدين واحترامهما ويؤدي إزاءهما بآداب إسلامية تُبين معنى بر الوالدين والإحسان إليهما.

لقد بَيّن (الحُسيني، 1978) بأن الصدق يَرمز إلى الشخصية الإسلامية الكاملة وبالتالي يسيطر عقله على هواه، وينأى بنفسه عن الكذب، والخُداع، والتدجيل، والرياء، وهو أصل وقيمة اجتماعية سامية بين الناس.

لقد أوضح (الغزالي، 1980) بأن البواعث التي تسوق المرء إلى العمل، وترفعه إلى إجادته، وتغرية بتحمل التعب فيه، أو بذل الكثير من أجله، كثيرةٌ متباينةٌ، والإخلاص يصحح اتجاهات القلب، وَيضَمن تجرده من الأهواء الصغيرة، ويعمل على تماسك الأفراد، وأن صلاح النية وإخلاص الفوائد لرب العالمين، يرتفعان بمنزلة العمل الدنيوي البحت، فيجعلانه عبادة متقبلة لله وحده.

وقد أكد (العوا، 1983) أن الالتزام بمضامين الأخلاق الإسلامية، وتحمل المسؤولية هي هدف وأصل اجتماعي للفرد المسلم، فهي إلزام بتحمل نتائج فعل معين، وذلك بتحمل المسؤولية الأخلاقية في نفسه ولذلك فالمعرفة والحرية شرطُ لكل مسؤولية أخلاقية، وأخلاقية سبيلها الأخلاق، والضمير جوهرها.

وفي بيان (لعيسى، 1985) مما ينبغي للمسلم أن يُعامل به أخيه المسلم، يحب له الخير ويسعى في إدخال السرور على قلبه ونفسه، وكذلك يسعى في إصلاح معاملة الناس بعضهم ببعض وإصلاح ذات البين وهو مظهر من مظاهر المحبة.

وفي إشارة إلى (ابن حزم، 1978) بأن المحبة هي الرغبة في المحبوب وإكراهه منافرته والرغبة في المعارضة, والتبادل في المحبة، وأدنى أطماع المحبة ممن تحب والرفعة لديه، والتقرب لله تعالى غايةٌ مُثلى للفرد المسلم، ومحبة الله تفضي إلى محبة المسلمين والعطف والإيخاء عليهم والمحبة تجعل في القلب رأفة على الأخ المسلم.

وقد أكد (يالجن، 1973) أن إتقان العمل له ضرورةٌ اجتماعية خلاقة من خلال إنجاح التعامل الاجتماعي، ويؤدي بالمجتمع إلى التماسك والتعاون والمودة مما يؤدي إلى تقدم المجتمعات علمياً وحضارياً واعتبر الإسلام الإتقان من الإحسان.

وقد بين (قراعة، 1978) بأن الوازع الديني قد ضعف في نفس المسلم ولأن نور الإسلام قد انكفأ في قلبه، وانطفأ في ضميره، فلم يُعد سلوك الفرد المسلم سلوك الصدر الأول وإنما شاع التجسس والسخرية وسوء الظن بين سلوكات المسلمين.

كذلك أكد (الأنصاري، 1993) أن الفرد المسلم أصبح عنده تجاه أخيه المسلم نوعٌ من الحسد والظن السيئ والغيبة مما أثر على سلوك الأفراد والجماعات وأصبحت العلاقات الاجتماعية ممزقة وبعيدة في تربيتها وأنماط سلوكها عن الأصول الإسلامية.

وفي بيان إلى (خشبة، 1991) بأن القناعة هي من سلوك الفرد المسلم، لما لها من أثر في رضا المسلم بما قَسَم الله له، وعدم التطلع بما أيدي الناس حتى يقضي ـ على الحسد والبغيضة بين الناس.

وقد أكدَّ (اللآري، 1989) بأن أكبر رصيد للفضائل الأخلاقية الاجتماعية هو الإيمان الديني الذي يؤدي بالإنسان إلى الصدق والإخلاص والبر والتواضع وهذه علاقات اجتماعية تؤدي إلى تعاضد العلاقات الاجتماعية بين المسلمين وتماسكها.

وأشار إلى ذلك (العبادي، 1983) بأن التواضع من صفات عباد الله المؤمنين، وأنه سلوك الفرد المؤمن بالله، المتمسك بعقيدته وهو يهذب النفس، ويصفيها من غش الكبر والعجب، فتلين وتطمئن للحق، ويؤدي بالشخص للتخشع والتذلل، وينور قلب المؤمن.

وبين (عبد الباقي ويحيى، 1986) بأن المسلم ملتزم بآداب الإسلام ومحافظ عليها، كستر العورة، وآداب المساجد، وآداب الصداقة والصحبة، وكيفية الإنفاق التي تؤدي بالمجتمع إلى التماسك وعدم سؤال الناس وإنما التوكل على الله في الرزق وفي كل الأعمال.

وقد أكد (زقزوق، 1980) بأن المسؤولية والالتزام بالعمل الأخلاقي هما سبيل للمحافظة على الأصول والمبادئ الاجتماعية التي تفضي إلى حرية الإرادة، والإخلاص لله تعالى في كل عمل وتنزيهه سبحانه وتعالى في أسمائه وصفاته وأفعاله.

وكان بيان (لعبد اللطيف، 1993) أكد بأن سلوك الفرد المسلم يجب أن يكون وفق الشريعة الإسلامية السمحة من خلال: تزكية النفوس بالصلاة والزكاة

والعبادات، وعدم الغيبة، وعـدم ذم النـفس الإنسـانية وعـدم العجـب، والكـبر، والتحلي بالتواضع، والإخلاص، والعفة، والعزة والكرامة والتعاون والإيخاء.

وقد أشار (قبلان، 1981) بأن خلق المؤمن نابع مـن سـلوكه الـذي يـؤدي بـه إلى النية، والعمل المتقن، والأمانة، والصبر، والحياء والشكر، وحسن الظن، والحلم والرحمة، والرفق والعدل والإحسان والإيخاء والتواضع.

وقـد أظهـر (ابـن أبي الـدنيا، 1987) بـأن الحلـم يـؤدي إلى تماسـك العلاقـات الاجتماعيـة بين أفراد المسلمين، وهو تزكية النفس، وزينة المرء في الحلم، وللحلم درجات عالية عند الله تعالى لما يكون له من أهمية، ويركز نفس المسلم عـلى عبادتـه لله مـما يحبه الله ويحبه الناس.

وقد بيّن (المُطهري، 1991) بأن سلوك الفرد المسلم فيه نـوع مـن سـوء الظـن، والتجسس والغيبة، والنميمة، وشح النفس، فهذه العادات تجعل العلاقـات الاجتماعيـة ممزقة وبعيدة عن الهدف الأسمى من التعاون والرحمة.

وقد أكد إلى ذلك (المشوخي، 1982) بأن هُناك عادات وأصول اجتماعيـة تـرتبط بسلوك الفرد المسلم مثل: السخرية، والاستهزاء واللمـز والنبـز والغيبـة، وسـوء الظـن، والكذب، والنفاق وإفشاء السر، والتجسس.

وقد أشار إلى ذلك (فخري، 1978) بأن الفرد المسلم عنده شيء من العادات التي تـرتبط بسـلوكه مـن الظـن. والكـبر والعجـب، والغضـب، والكـذب، والجـزع، والطيرة، والتشاؤم.

وأظهر (الغفنان، 1992) بأن العفة هي بعد اجتماعـي يتكرس في سـلوك الفـرد المسلم وهي: صفة راسخة اجتماعياً وتؤدي إلى تماسك وترابط العلاقات الاجتماعية بـين المسلمين.

وقد أشار (أمين، 1969) إلى أن سلوك المسلم الملتزم التي جـاءت في ثنايا الآيـات القرآنية والأحاديث النبوية تتمثل: بالصدق والشجاعة في قـول الحـق، والعفـة، وضبط النفس، والعدل والمساواة والرحمة، والمحافظة على الوقت، وكذلك هي أصول اجتماعية تؤدي إلى ترابط أفراد المجتمع وتماسكه.

وقد بيَّن (أبو علي مسكويه، 1966) بـأن الصداقة والصـحبة والأُخـوة نـوع مـن المحبة إلا أنها أقرب إلى المودة بعينها، لذلك فإن الصداقة بين الأخيار تكون لأجل الخير، وسببها هو فعل الخير، وتفضي إلى المحبة والإيحاء والسعادة والتعاون.

ومن خلال ما سلف نجد أن بعض هذه المبـادئ تُمثل الإطار الإسلامي للسلوك المقبول من الفرد المسلم وبعضها جاء الإسلام لبيانها وتعـديلها داخـل نفـس وشخصـية الفرد المسلم.

ثانياً: الأدب النظري الذي أشار إلى السلوك الأسري من حيث المقبـول والمرفوض. السلوك الأسري يجب أن يكون وفق الشريعة الإسلامية من خلال

- واجب الأب تجاه الأبناء.

- واجب الأم تجاه الأبناء.

- واجب الأبناء تجاه والديهم.

- علاقات الزوج والزوجة في إطار الإسلام (الرحمة، السُكن، عدم الظلم، الطاعة، القدوة الحسنة، والمودة، وآداب المخاطبة).

- علاقات الأبناء بعضهم مـع بعـض داخـل الأسـرة: (المحبـة، التعـاون، التضـحية، الإيثار، المودة).

واجب الأب تجاه الأبناء

الأبناء هم ثمرة الزواج، لذلك أوجب الله عز وجل لهم حقوقاً على آبائهم ولم يُميز في ذلك بين الذكر والأنثى، من حيث الحصول على تلك الحقوق لسلوك الأفراد داخل الأسرة.

وقد أكد (مرهج، 2001) بأن هناك حقوقاً للأطفال والتي تؤثر بشخصية الطفل، وعلى سلوكه، من إتمام الرضاعة والحنان والعطف وتنميته جسدياً وفكرياً وعاطفياً واجتماعياً، ومن حقوقه مراقبة سلوكه وتعديله عند الحاجة.

ولقد بين (حمودة وعساف، 2000) أن من حقوق الأولاد على الآباء، منها ما يكون قبل الولادة كاختيار الأم الصالحة، وكذلك بعد الولادة من ثبوت النسب والحضانة، والنفقة والرضاعة، وأشار إلى تلك الحقوق الإسلام، وحرص على قيام الأب بها تجاه أبنائه.

وقد أكد (رمضان، 1998) بأن للأبناء حقوقاً واجبة على الآباء من حيث اختيار الأم الصالحة، والتسمية في أذنيه، وثبوت النسب، وتسميته باسم حسن لطيف، والعقيقة لهم، والنفقة والرضاع، والرعاية، وتوفير المأكل والمشرب والملبس، وحقهم بالميراث والوصية.

وبين (خيار، 1997) أن من حقوق الطفل عند قدومه بعد الآذان في أذنيه واختيار اسم جميل ومناسب له يُدعى به بين الناس ويميزه عن غيره من الناس بهذا الاسم، والحكمة من اختيار الاسم كلما هتف أو دعاء داعٍ فتستطيع إثارة هذا الاسم حتى يصبح له خُلق يتخلق به، وأن حسن التسمية حماية للفرد من الاحتقار والسخرية والمهانة وفيه نوع من الحُب وقد حثَّ الإسلام على حسن اختيار الاسم للمولود.

وفي بيان إلى (المقوسي، 1997) أن للطفل حقوقاً في الشريعة الإسلامية، ولها الأثر البالغ في وقاية هؤلاء الأحداث من الجريمة، مشيراً إلى أن حقوق الطفل قبل الولادة وبعدها من خلال المعالم الشرعية لكل حق من الحقوق الواجبة على الآباء للأبناء.

وقد أكد (السلمان، 1992) على أن ذلك بإشادته بأن للأولاد حقوقاً، تبدأ بثبوت النسب، والنفقة والحضانة والرعاية والولاية والرضاع والتربية الحسنة.

ويرى (عمارة، 1992) بأن من واجبات الأب التربوية تجاه الأبناء، معاملتهم بلطف وحنان وغرس القيم الأخلاقية في نفوسهم كالأمانة، والمروءة، والصدق، والتعاون.

وقد أشار (عامر، 1984) أن من حقوق الأولاد الواجبة على الآباء عدة منها: اختيار الأم الصالحة، والحضانة، والرعاية، وثبوت النسب والرضاع وتجهيز البنت عند الخروج إلى بيت زوجها والتربية الإسلامية للأبناء.

وفي إشارة إلى (حسن، 1985) بأن الأب عليه تهذيب الناحية الجنسية عند الأبناء وتعميق تربية الأبناء على احترام كل جنس للآخر، وإعطاء كل من الذكر والأنثى، حقوقه وواجباته حتى تقوم الأسرة بواجبها السامي على أكمل وجه.

وقد أكد (ابن عاشور، 1978) إلى أن من حقوق الأولاد على آبائهم ثبوت النسب للأب، وكذلك العقيقة، واختيار الاسم المحبب، والحضانة والرعاية والتربية.

وفي إشارة إلى (قطب، 1980) أن من حقوق الأبناء التربوية, الحاجة إلى المحبة والعطف والأمن، والحرية، واللعب، والنجاح، وغرس مبادئ الطاعة، والصدق، والأمانة، والجود، والحياء، واحترام الكبير.

ويرى (الزحيلي، 1997) أن من حقوق الطفل، ثبوت النسب، وهو من أقوى الدعائم التي تقوم عليها الأسرة ويرتبط به أفرادُها برباط دائم الصلة تقوم

على أساس وحدة النسب فالابن جزء مـن أبيـه، والأب بعـض مـن ولـده، ورابطـة النسب في نسيج الأسرة، وهي نعمة عظمى أنعمها اللـه عز وجل على الإنسان إذ لولاها لتفككت أواصر الأسرة وذابت الصلات فيها ولم يبق أثر مـن حنـان وعطف ورحمـة بـين أفرادها.

وقد أكد (الكـردي، 1986) بـأن للأبنـاء حقوقـاً علـى الآبـاء مـن خـلال اختيـار الأم الصالحة وثبوت النسب، والآذان في أذنيه، والتسمية عليهم والرعاية، والميراث لهم.

وقد أشار (خلاف، 1990) بأن حقوق الأولاد تبدأ من ولادتهم حتى أن يبلغوا سـن رشدهم فشرع اللـه أحكامـاً لثبوت نسبهم وتدبير رضاعتهم وحضانتهم، والإنفاق عليهـم حتى يبلغوا حد الكسب، وتولي لشئونهم المالية حتى يبلغوا سن الرشد.

وقد بين (مرعي، 1979) أن من حقوق الطفل قبل ولادتـه اختيـار الأم الصـالحة والاهتمام بشأنها، ولا بد من إعلان الزواج حتى تكون العلاقة بين الرجل والمـرأة معروفـة بعيدة عن كل ريبة ومن حقوق الطفل بعد الولادة شكر اللـه عز وجل على مـا أعطـى، والأذان بأذن المولود، وذبح العقيقـة عنـه وحسـن اختيـار اسـمه، وإرضـاعه، وحضـانته، وتربيته، خُلقياً على نبل الصفات بالقدوة الطيبة وتربيته اجتماعياً.

ويرى (شلبي، 1983) بـأن للأولاد حقوقـاً تترتـب عليهـا حيـاة المجتمعـات والأُسـر ومنها: حق ثبوت النسب، وحق الرضاع، والحضانة والولاية، والنفقة، عليه حتى يبلغ سن الرشد، وتكفلة بالتربية الأخلاقية.

وقد وجدت مما سبق أن للأبناء على الوالدين حقوقاً تربوية كثيرة منها حقه في اختيار الأم الصالحة له، وحق الطفل في النسب والحضانة وحقه في اختيار الاسم المناسب له وحقه في الرضاعة وفي الحرية الواعية وفي التربية الأخلاقية الإسلامية.

واجب الأم تجاه الأبناء

وفي بيان إلى (رشوان، 2003) على الأم المسلمة داخل حدود الأسرة واجب يمتثل بتربية الأطفال من خلال: الرضاعة وسُبل الاهتمام بها، والحضانة ومراحل النمو الأولى، وإدارة شؤون المنزل، ولا يكون العمل طاغياً بصورة واضحة على حساب الاهتمام بالأولاد وتربيتهم.

وقد بين (الكايند وواينر، 1996) بان الأم مُلزمةٌ بتربية أبنائها من بداية الحمل حتى البلوغ من التوجيه والتعاون، وعدم التفرقة بين الأبناء، واختيار الاسم الحسن لهم، والجزيل من الأعطيات حتى تعمق علاقة الأبناء بالأسرة، ويصبح الطفل ملتزماً ومنتمياً إلى مجتمع الأسرة، والمشاركة في نمو الطفل جسمياً وعقلياً.

وقد بين (عبد الفتاح، 1994) بأن عماد الأسرة تقوم على الأم وهي التي تعمل على بناء الأسرة الصالحة بما تملك من الرقة والعناية الفائقة بالأطفال وهي الأمان والحنان المفرط وهي بمثابة المعلم الناصح المرشد للحياة، والأم الناجحة التي تعمل على تكريس جهدها لإرساء قواعد المحبة بين الأبناء من خلال التعاون والمحبة والعطف عليهم.

وقد أشار (هويز وسكوتشمر، 1993) بأن الاعتناء بالطفل من واجبات الأم منذ ولادته من خلال الرضاعة التامة، وتنميته فكرياً وابداعياً وجسمياً، وتوجه الطفل بالأساليب التربوية الإسلامية حتى يتعرف على خالقه بالطريقة التي تناسب عمره، إضافة إلى رعايته والحضانة عليه، والعطف والرأفة والرحمة به.

وقد بين (أبو حوسه، 1988) إلى أن الأم عليها واجبات كثيرة تجاه الأسرة والأبناء من الرعاية والرفق والرحمة بالأولاد ومعاشرتهم بلطف، وتقبيلهم عن رأفه وشفقة. وأن تعدل بين الأبناء في العطاياً، وأن تحسن أدبهم لأنها أقرب إليهم. والأدب الحسن من خلال أن تعلمه كيف يأكل ويشرب وينام وكيف يعامل الناس، وكيف يسعى لعيشه بينهم ويعرف حقوقه، وواجباته، والواجب الأكبر تجاه ربه من خلال القيام بالعبادات والمحافظة على الدين.

وقد أشار (عبد الواحد، 1984) إلى أن على الأم تقع مسؤولية التربية الصالحة للأبناء من النواحي الدينية، والخُلقية والنفسية لينشئوا على التراحم، والعطف، والتضحية، والإيثار، والأسرة الصالحة تقوم على مراعاة الحقوق بين أفرادها فمن الحقوق التربوية للأبناء على الأم: التربية والرعاية والحنان وإتمام الرضاع، وتسميته باسم حسن، والنفقة، وتحقيق الحياة الهادئة.

وقد أكد (فالابريج وكامل، 1974) بأن الأم تعمل على التخطيط، والتوقع، والتنظيم، في الأسرة بما يُحيي الأسرة حياة لطيفة سعيدة من خلال بث السعادة والتفاؤل في البيت وتنظيم عملية النسل بالاتفاق مع الزوج حتى تكون فترة رعاية للأبناء بين بعضهم البعض.

ويرى (الكسواني، 1985) بأن تدبير الأم والمحافظة على نفسها وعلى تربية أبناءها يعود بالأسرة من خلال رفع المستوى الاقتصادي، والصحي، الاجتماعي، والثقافي، ويتكرس ذلك من خلال الاعتناء بالطفل، والرعاية المثلى له في المجالات جميعها.

وفي بيان إلى (أبو زهرة، 1980) بأن الزوجة لا بدَّ حتى تحافظ على أسرتها أن تحافظ على بيت زوجها من جميع النواحي، ومنها الاهتمام الكامل بتربية الأبناء

من الرعاية، والعطف والرحمة، والملاطفة في المعاملة، وإتمام الرضاعة، واختيار الاسم الحسن، وتنمية فكرهم إبداعياً واجتماعياً وسلوكياً.

وفي إشارة إلى (الطريقي، 1983) أن من حقوق الأبناء على الأم أن تلتزم في رعاية صحتها حتى يخرج الطفل معافى، وناضجاً جسيماً وعقلياً، وتلتزم في إطار ذلك بعد الولادة من خلال الرضاعة الكاملة، وتربيته التربية السامية التي تؤدي بالأسرة إلى النجاح وتنظيم النسل وفق مبادئ الشريعة الإسلامية.

وقد أكد (إبراهيم، 1983) بأن الأم عليها واجب كبير اتجاه أبناءهما من خلال الرعاية والتربية الصحيحة، كذلك وعلى الأم أن تبر أبنائها من العطف، والحنان والتعاون، وعدم التفرقة فيما بينهم من أجل الحياة الفضلى لبناء الأسرة.

وقد أشار (أحمد، 1983) على الأم أن تؤدب أبناءها، وتحسن تربيتهم، وتوعظ أبناءها وترشدهم على فعل الخير وتوجههم إلى ما يصلح حالهم في دنياهم وآخرتهم وتكون الأم طيبة النفس صالحة مع أبنائها حتى تورث في نفسهم المحبة للأسرة، والمجتمع وتؤثر عليهم بالشيء الإيجابي لمصلحة الأسرة.

وقد بين (حطب، 1978) إلى أن على الأم لا تهتم بشيء آخر غير تربية أبناءها مثل: العلم والعمل مقابل تربية الأبناء، ويكون مسلك الأم صالحاً في المعاملة حتى تؤثر على نفسية أبناءها لمصلحة الأسرة، وإعطائهم حريتهم وحقوقهم على أتم وجه وبصورة سليمة ومراعاة العدل بينهم.

تبين من خلال ما سبق أن للأبناء على الأم حقوقاً تربوية كثيرة منها حق الطفل في الرعاية والتربية الحسنة وإضافة إلى إتمام الرضاعة وحضانته واختيار الاسم الحسن والمناسب له والعدل في العطايا بين الأبناء.

واجب الأبناء تجاه الوالدين

وقد بين (العكك، 2000) بأن هناك حقوقاً للوالدين على الأبناء من خلال برهما ومصاحبتهم في الدنيا معروفاً، واللطف والرعاية والرحمة بهما، وعند الكبر الحنو والترفق والإكرام والتوقير لهما في حال حياتهما، وبعد وفاتهما، إنفاذ عهدهما واحترام أصدقائهما وصلة الرحم التي لا توصل إلا بهما.

وفي إشارة إلى (القطارنة، 1998) بأن على الأبناء واجبات تجاه الآباء ومنها الرعاية لهما في الكبر، والخدمة عليهما، والإنفاق والتصدق عنهما بعد الوفاة والاستغفار والرحمة لهما، وتسديد ديونهما. وزيارة أصدقائهما.

وقد أشار (الأسد، 1995) إلى أن الإسلام أعطى حقوقاً كثيرة للوالدين على الأبناء ونهى عن عقوق الوالدين والخروج على أمرهما والصراخ في وجههما وعصيانهما وعدم التنكر لحقهما والخجل من الانتساب لهما وعدم الإنفاق عليهما والتذمر والتأفف إليهما بالقول أو الفعل كل ذلك يعد من أكبر الكبائر. وأن حق الأم على الأبناء أكبر من حق الأب. بسبب تكبدها وتضحيتها الجسدية والمعنوية لأبناءها من حمل ورعاية تربوية.

وفي بيان إلى (الخولي، 1993) أن على الأبناء بر الوالدين، والرأفة بهما، والرحمة بهما من خلال العطف عليهم بالمال والكلمة اللطيفة، وعدم السب والشتم لهما، وإنما التعامل معهما بالمعروف والمعاملة الحسنة.

وقد بين (اليعقوبي، 1403) أن للوالدين في الإسلام مكانة عظيمة، ومنزلة رفيعة، فعلى الأبناء برهما ومن فضائل برهما: مغفرة الذنوب وهو موجب لدخول الجنة وزيادة في العمر والرزق ومن صور بر الوالدين: طاعتهما في غير معصية الله تعالى، وشكرهما، ومصاحبتهما بالمعروف، والحرص على نصحهما

وطلب الهداية لهما، وتنفيذ وصاياهم، والدعاء لهما، والاستغفار لهما بعد موتهما، وصلة أصدقائهما ومن بر والديه بره أولاده جزاء وفاقاً.

وقد بين (عفيفي، 1983) في أمر الله عز وجل بالإحسان إلى الوالدين، وأوصى الأبناء أن يحفظوا الوالدين، بالرعاية، والاحترام، والطاعة، والشفقة، وأن يقوموا ببرهما وأن يلينوا لهما جانب التواضع والرحمة، والنفقة عليهما وقت الحاجة وعند الكبر.

وقد أكد (أبو حوسة، 1988) بأن على الأبناء بر الوالدين، والإحسان إليهما، وإظهار الشفقة عليهم، ومعاملتهم باللين والتواضع والرحمة وأن يجعل معاملتهم مكللة بالكلام الحسن، والقول اللطيف وعدم إغضابهم والسب عليهم.

وقد أشار (حسين، 1976) أن من حقوق الآباء على الأبناء معاملتهم بالمعروف، والتبسم في وجههما، والإنفاق عليهما في حالة الكبر، ومزاورتهما والتصدق عنهما، ودعاء الله بالرحمة لهما عند الممات.

وقد بين (المغربي، 1344) أن على الأبناء بر والديهم والرفق بهما والرأفة والدعاء لهما بالرحمة، وخفض لها جناح الذل من الرحمة والاعتناء بهما عند الكبر، وأن يثير في نفوسهم كامن الشوق والحنين إلى الأولاد، وعدم الإساءة للوالدين باللفظ أو الفعل.

وقد أكد (العزيزي والعبادي وعبد السلام والخطيب، 1984) أن حقوق الوالدين كثيرة، منها الخدمة عليهما، والرحمة والرفق والتعامل باللطف واللين معهم والصلاة عليهما والاستغفار وإنفاذ عهدهما، وإكرام أصدقائهما، وصلة رحمهما والدعاء لهما بعد الوفاة.

وقد بين (سلامه، 1993) بأن على الأبناء بر الوالدين، ومعاملتهم بلطف والطاعة للوالدين، وحسن الصحبة، والابتعاد عن عقوقهما.

وقد أشار (صالح، 1980) بأن تكريم الوالدين باللطف في المعاملة والرحمة والتصدق عنهما بعد وفاتهما والاحترام والتقدير والبر والإحسان لهما في حال حياتهما.

ووجدت من خلال ذلك أن للوالدين على أبنائهم حقوقاً تربوية منها: بر الوالدين وشكرهما، والدعاء لهما، والنهي عن عقوقهما، وامتثال أمرهما في غير معصية الله عز وجل، والبشاشة في وجههما وإنفاذ عهدهما بعد الممات، والتصدق وصلة رحمهما واحترام أصدقائهما.

علاقات الزوج والزوجة في إطار الإسلام

تركز علاقات الزوج والزوجة في إطار الإسلام من حيث: الرحمة، والسكن، والطمأنينة، والطاعة، والقدوة الحسنة وآداب المخاطبة، وحسن العشرة.

وإن العلاقات الأسرية بين الزوج والزوجة قائمة على المحبة للزوجة والرحمة وعدم الظلم للأسرة، وتأمين النفقة والمهر والكسوة للزوجة، والعدل والمعاملة الحسنة الطيبة، وإحسان العشرة والمودة والمحبة وحمايتها وإعطائها الاطمئنان وكذلك للزوج على زوجته حقوقاً مما تظفي على العلاقات الاجتماعية الأسرية صفة التعاون والانتماء للأسرة ومنها: حُسن الطاعة، وحفظ ماله وبيته وولده، من أجل إنشاء بيت صالح مؤمن يجمع حقوق الإسلام وواجباته.

وقد بين (القضاه، 2002) بأن حقوق الزوج من الحقوق الواجبة تجاه الزوج، وقد أعطيت للزوج كي تستقيم الحياة الزوجية، والقيام بتلك الحقوق من الطاعة، والمعاشرة، والاحترام والتقدير والمحافظة على بيت زوجها مما يؤدي إلى استمرارية الحياة الزوجية وإشاعة السكن والمودة والرحمة في الأسرة.

وقد أكد (الكرمي، 2000) على ذلك بالابتعاد عن اللوم والعتاب حتى يولد شيء من المحبة بين الزوجين، والتوافق الفكري والسلوكي بين الزوجين، وتفهم كل منهما للحاجات العاطفية المتوائمة بينهما، والتعاون والرحمة، وعدم الظلم للزوجة يولد محبة دائمة في بيت الزوجية.

وقد أشار (القطارنة، 1998) بأن الأسرة تُقام من جانب الزوج والزوجة ومعرفة كل منهما حقوقه وواجباته، فالزوج عليه واجبات منها إعطاء المهر كاملاً للزوجة، والنفقة، والقوامة، وتأديب الزوجة من خلال هجرها، وضربها ضرباً غير مبرح، وحسن المعاشرة الزوجية وهي كذلك من جانبها، عليها طاعته بالمعروف وحق الاستمتاع، وحسن المعاشرة بالحسنى.

وقد ذكر (امام، 1998) بأن الكفاءة بين الزوجين تعطي نوع من الاتساق الفكري، الذي يشيع المحبة الأسرية، وإعطاء المرأة المهر، والنفقة على الزوجة وعلى الأبناء، وكذلك على الزوجة الطاعة للزوج وحفظ نفسها وأبناءها، وتكون صالحة في الدين، والتأديب للزوجة في حالة ارتكابها شيء تجاه زوجها من الضرب غير المبرح، والهجر في المضاجع والوعظ والإرشاد.

وقد بين (عقلة، 1982) ما رتبه الإسلام من حقوق وواجبات زوجية وما يقتضيه عقد الزواج من آثار معنوية ومادية في العلاقات الأسرية، وقد قسم الحقوق بين الزوجين إلى:

حقوق الزوجة على زوجها: وهي حُسن العشرة، وتعليمها وتعهدها من الناحية الدينية والغيرة عليها، والعدل بين الزوجات.

حقوق الزوج على زوجته: وهي الطاعة والقيام بتدبير المنزل وتربية الأولاد وتعهدها بالإحسان إلى أهل الزوج، ومحافظة الزوجة على عفافها وشرفها.

حقوق مشتركة: هي حق الاستمتاع، وحسن المعاشرة، والتعاون على طاعة اللـه. وحق التوارث، وثبوت نسب الولد.

وقد أشار (حسين، 1976) ما بينه الإسلام من واجبات للزوجة في الإسلام من خـلال حقوق الزوجة على زوجها من النفقة وحسن المعاشرة وحقوق الـزوج عـلى زوجتـه مـن حفظ بيته وماله، وطاعته بالمعروف والبشاشة في وجهه والمحبـة لـه والرحمـة لأبنـائهما وخلق جو من الود والرحمة داخل الأسرة وبث السعادة في البيت.

وقد أكد (الحليبـي، 1994) مـا شرعـه الإسـلام مـن حقـوق وواجبـات للزوجيـة في الإسلام فالزوجة لها حقوق على زوجها: من حُسن الخُلق معها، والرفق بها، والصبر عـلى أذاها، وعدم الإساءة إليها فيما يجرح كرامتها، وحمايتها، وحفظ عفافها وحسن المعاشرة لها، وهي من جانبها: الطاعة لـه في غير معصية الخـالق، حُسـن العشرة معـه، وحفظ نفسها وبيته، فالمرأة عرض الزوج، وكرامته في المجتمع.

وقد بين (الحسيني، 1978) من الفضائل التي تورث المحبـة والرحمـة داخـل بيت الزوجية العدل في النفقة، والمعاملة للزوجة وإعطاءها المهر كاملاً، وتوفير الملبس والمأكل والمشرب والرحمة بها والزوجـة كـذلك تـؤدي واجبهـا مـن الطاعـة والمعـاشرة بـالمعروف وحفظ بيت الزوج.

وقد بين (بدران، د. ت) أن للزوجـة عـلى زوجها حقوقـاً تتنـوع إلى حقـوق ماليـة مثل: المهر والنفقة، وحقوق غير مالية كالعـدل بـين الزوجـات، والمسـاواة بينهما بالقـدر المستطاع، والإحسان في المعاملة، وعدم الإضرار بالزوجة، وعدم الظلم لها، وللزوج حقوقـاً على زوجته من خلال حفظ نفسها وبيته، والبشاشـة في وجهه، وتـدبير شـؤون البيـت، واللطف في التعامل معه.

وقد بين (القيسي، 1985) أنه ينبغي على الزوج أن لا يكثر من اللوم والعتاب، ولأن ذلك يفسد العلاقة ويهدد الحياة الزوجية بين الزوجين، وكذلك

الزوجة لا تكون معبسة في وجه زوجها وإنما مقابلته بالبسمة اللطيفة، والكلمة الحسنة.

وفي بيان (للدسوقي، 1986) بأن الأسرة المسلمة تقوم على أساس واضح من الرغبة المشتركة بين الزوجين في بناء وتكوين الأسرة، وأن مناط العلاقة بين جميع أفرادها يُبنى على المحبة والترابط ورعاية الحقوق، وأن تلك الأسرة هي خير بيئة ينشأ فيها الأبناء، على التفاهم والتعاطف والتعاون والرحمة بين الزوجين تقضي ـ على المشاكل داخل حدود الأسرة.

وقد أكد (الخولي، 1980) بأن وظائف الزوج داخل أسرته القوامة والمهر، والإنفاق وتأمين المسكن والمأكل والمشرب، ووظائف الزوجة تجاه الزوج، اللطف بالمعاملة والطاعة بالمعروف، والمعاشرة بالمعروف وحفظ نفسها وبيتها، والبشاشة في وجهه وتقوم على خدمة زوجها وأسرتها.

وقد بين (مظاهري، 1994) أن على الزوجة أن تتفهم وضع زوجها من خلال الناحية المادية وتخفف عليه في ظروفه المعاشية، لأنها شريكة حياته وتساعده على تكاليف العيش، وعلى الزوج كذلك إظهار المودة لزوجته ومعاشرتها بالمعروف، وجلب الهدايا للأسرة، وإشاعة جو الطمأنينة والسكينة والمحبة والسعادة داخل الأسرة.

وقد بين (الزلمي، 1984) أن من واجبات الأسرة وحفاظاً على سمعتها وعندما تصبح النزاعات كثيرة بين الزوج والزوجة شرع الإسلام الشيء الذي يحد من هذه النزاعات ويكون كل منهم على حده وهو الطلاق.

وقد أشار (حسن، 1981) إن سر المحبة الزوجية بين الزوجين قيام كل منهما بحقوقه وواجباته على أكمل وجه، حتى لا تكون هناك مشاجرات زوجية، وتنبعث السعادة الزوجية من خلال الاحترام والتقدير والتعاون والتراحم بين الزوجين

داخل الأسرة وإنفاق الزوج على زوجته وأبناءه، وتنظيم أمور العلاقات العاطفية بينهما وفق منهاج سليم يكفل إشاعة المودة والرحمة داخل كنف الزوجية.

وقد أكد (الغرياني، 1992) بأن الإحسان بين الزوجين يؤدي بالأسرة إلى المحبة والتعاطف والتراحم فواجب الزوج تجاه زوجته: النفقة على زوجته وأبنائه، وحسن العشرة، والاستمتاع بين الزوجين، والعدل بين الزوجات وعدم الظلم للزوجة، والزوجة عليها، الطاعة، وتربية الأولاد تربية حسنة، وأداء حقوق الله، وخدمة البيت، وحفظ نفسها وأسرتها وبيتها.

وفي بيان إلى (حجازي، 1969) بالإحسان في مصاحبة الزوجة ويكون وفق جوانب كثيرة ودفع المهر لها عطية من عند الله من غير إسراف ولا تقتير مع البشاشة وطلاقة الوجه، والصبر عليها من غير فاحشة، ولا نشوز وإعانتها على حفظ عفافها وكذلك الزوجة مطالبة بالإحسان إلى زوجها من خلال طاعته في غير معصية لله تعالى، وحفظه بنفسها وماله في حال غيبته، وأن لا تخرج من بيته إلا بإذنه، وأن تتجنب أي شيء يضيق به الزوج، فلا تعبس في وجهه ولا تأكل ما يتأذى بريحه، ولا تبدو له في صورة يكرهها، وإنما تظهر بكل صورة جميلة.

وتبين من ذلك أن علاقات الزوج والزوجة في إطار الإسلام سادها المحبة والرحمة، والتعاون والطاعة والقدرة الحسنة من خلال واجب الزوج تجاه زوجته وتأدية واجبات الزوجية من العدل والمهر والمتعة والنفقة وعدم العزل، وجلب المتاع للبيت، وأن للزوج حقوقاً تربوية كثيرة على زوجته منها الطاعة بالمعروف وحسن العشرة، وتوفير الجو المريح للزوج، والإحسان إلى أهل الزوج، والمحافظة على عفتها، وإكرام والديه، وخفض الصوت، وغض البصر، والثقة المتبادلة.

علاقات الأبناء مع بعضهم البعض داخل حدود الأسرة

للأخوة آثار طيبة في الأسرة من خلال العلاقات الطيبة والحسنة بين الأبناء ويتكرس ذلك عن طريق المحبة، والتعاون، والإيثار والتضحية والمودة والعطف.

وقد بين (الحليبي، 1994) أن للعلاقة الأخوية بين الأبناء داخل الأسرة رابطة قوية تعمل على بث المحبة والتعاون والخير، والتماسك والإيثار، وتتوثق بعرى الإسلام، وتعمل على تكريس المساواة والعدل في الأسرة، وإشاعة الطمأنينة من خلال الود والتراحم والتعاون بين أبنائها.

ويرى (المشكييني، 1991) بأن العلاقة الأخوية بين الأبناء داخل الأسرة لا بد أن تكون كالجسد الواحد، يتعب الأخ لتعب أخيه، ويكره لكرهه، ويشعر به ويفرح لفرحة، ويحزن لحزنه، ويحبه، ويعطيه، ويرحمه، ويشاركه أفراحه وأحزانه، وإشاعة المحبة والطمأنينة بين إخوانه بالأفعال والكلمات اللطيفة، والمداعبة الحسنة.

وفي بيان إلى (اسماعيل، 1982) بأن على الأبناء التعاون فيما بينهم داخل الأسرة من الذكور والإناث ولأن ذلك يؤدي إلى خلق روح الألفة والتماسك والحب، وليجدوا في البيت مكاناً جميلاً مرتباً مريحاً بدرجة تتناسب مع الجهود المتضافرة، ويُنمي المسؤولية وملكة التضحية بين الأبناء ويجذر خلق الإيثار ويبعدهم عن الأنانية.

وقد أكد (العبادي، 1984) على تعليم الأبناء على محاسن هذا الدين الاجتماعي الحنيف، وسمو تعاليمه، وأجل أهدافه، وتربية الأفراد داخل الأسرة على حب البذل والعطاء فيما بينهم والابتعاد عن حب الذات والأنانية.

وفي إشارة إلى (الزناتي، 1984) بأنه لا بد أن تتسم علاقة المرء مع إخوته الأشقاء في إطار الإسلام بالمودة والتآلف والتقدير والاحترام المتبادل والعون والمساعدة في حل مشاكلهم، ومجابهة أعباء حياتهم، وأما ترك المرء لواجبات

الأخوة ومحبة لحقوقها فيدل على ضعف إحساسه بمسئوليته الاجتماعية، وجاء الإسلام وحث على بر الأخوة والأخوان ووصلهم، حفاظاً على كيان الأسرة، وتلاحم أعضائها وتكافلهم في السراء والضراء.

ويرى (فائز، 1980) بأن علاقة الأبناء مع بعضهم داخل حدود الأسرة المسلمة يعتريها جو الألفة والتعاون والمحبة، والإيثار الذي يؤدي بالأخوة إلى التماسك، والابتعاد عن الأنانية، وحب الأخ لأخيه وإعطاءه المال، والعون والمساعدة في جميع الظروف حتى تكون أسرة لها طابعها المتميز الذي أراده الله تعالى.

ولقد بين (الماوردي والسقا وسكر، 1918) إلى وجوب العلاقة الحميمة بين الأبناء من خلال تلاصق وتماسك الأخوة مع بعضهم البعض في المعاملة، واللين في اللطف والكلمة الحسنة الطيبة، وإنفاق الغني على الفقير من إخوانه والتبسم في وجه الأخ، ونصحه بالمعروف واحترام الصغير للكبير، وعطف الكبير على الصغير، والوقوف معه وقت الشدائد، مما يؤدي إلى إشاعة المحبة والحياة الهنيئة داخل الأسرة.

وقد أشار (المولى بك، 1936) بأن علاقة الأبناء داخل حدود الأسرة هو متوقف على العدل من الوالدين للأبناء، والإنصاف في العطايا فيما بينهم، مما يؤدي إلى إشاعة، روح المحبة والطمأنينة بين الأبناء وداخل الأسرة المسلمة.

وتبين من خلال الأدب النظري أن الأسرة هي مجتمع متلاحم متعاضد كالجسد الواحد من خلال الأخوة الإسلامية بين الأبناء، والعلاقة الحميمة بين الزوجين، وبين الأب والأم تجاه أبناءهما، والأبناء تجاه بعضهم البعض، من أجل خلق سلوك أسري يستند إلى الألفة والمحبة والتقدير والرحمة والابتعاد عن السلوك الأسري السلبي الذي يُدمر كيان الأسرة ويبعدها عن الهدف الأسمى الذي أراده

الـلـه عز وجل من الخلافة في الأرض وامتداد النسل، وللأسرة أثر طيب في كونهـا تخرج الأفراد للحياة الاجتماعيـة وإلى المدرسـة حتـى يكونـوا أفـراداً مـؤثرين متحملـين للمسؤولية التي أناط بها الشرع للأفراد وهي العبادة لله تعالى.

ثالثاً: الأدب النظري الذي أشار إلى العلاقات الاجتماعية بين المسلمين.

العلاقات الاجتماعية بين المسلمين تنطلق مـن صـلة الـرحم، والتعـاون، والتـزاور وإصلاح ذات البين، والأخوة الإسلامية، والرحمـة بالمسـلمين، والحـس بهمـوم المسـلمين، والوفاء بالعقود والمواثيق، وعدم الخيانة، وآداب الحديث، حتى تكـون هـذه العلاقـات منطلقة من أسس القرآن الكريم والسنة النبوية المطهرة ومبادئهما.

ولقد أشار (الهزايمة، 1997) بحرص التربية الإسلامية على تنمية العلاقة بين الفـرد المسلم وبين أقربائه وأرحامه، وأولت ذلك الجانب اهتمامـاً كبـيراً ونبهـت إلى أن علاقـة المسلم بأرحامه ينبغي أن تتسم بالبر والإحسان، وأن تقوم على مبدأ التكافـل والتعـاون فيما بينهم، وعلى الاحترام والتقدير المتبادل بعيداً عـن معـاني الحسـد والـُبغض ومعـاني التدابر والتقاطع والتخاصم.

وقد بين (ابن مفلـح، 1996) أن الإصـلاح والسـعي بـين النـاس بتـأليف القلـوب، وتأليف المودة فيما بينهم إذا تنازعوا ومن أعظم الإصلاح، الإصلاح بـين الـزوجين لمـا لـه من فائدة عظيمة عند الـلـه تعالى ولأن الأسرة تحـافظ عـلى وحـدتها وكيانهـا وقيامهـا، بانسـجام الـزوجين وتـوافقهما وتـآلفهما وهـي مـن الآثـار الإيجابيـة في بنـاء العلاقـات الاجتماعية بين المسلمين بعضهم ببعض.

وفي بيان إلى (الغزالي، 1994) بأن العلاقات الاجتماعية بين المسلمين والتي تعمـل بدورها على تكاتف المسلمين بعضهم مع بعض من أجل الأخوة الإسلامية فينبغي: عدم الظلم والتحاسد والبغض والتجسس على أخيه المسلم وإنما المعاملة

بالمودة، والرحمة، والعطف، والتعاون، وأن يحفظ ماله، وعرضه، ونفسه، وأهل بيته في غيبته، حتى تكون هذه العلاقات وفق مقصد الكتاب العزيز.

وقد أكد (المالكي والقرطبي، 1993) بأن الصلة للأقارب تكون بالإحسان إلى الجار، وترك إيذائه ابتداء، وحسن عشرته ومعاملته ومواساته في أحواله، ومشاركته في أفراحه وأحزانه، ومساعدته وتعهده بالزيارة والعيادة إذا مرض، والبشاشة في وجهه، وبذل السلام إن لقيه، والإهداء له، ودعوته إلى الطعام وإجابة دعوته.

وقد بين (أيوب، 1983) بأنه قد تكون صلة الأرحام وصلة الأقارب، بزيارة المريض، وإجابة الدعوة، والتهنئة بما يسر، والتعزية في المصائب وسداد الدين، أو المساعدة في سداده، وإغاثة اللهفان، وتمريض المريض كلها معاني تحقق التماسك في العلاقات الاجتماعية.

وقد أشار (مبيض، 1983) إلى الوفاء بالوعود والعهود والعقود بين المسلمين وتحري الصدق في البيع والشراء وسائر المعاملات، والتنافس في الخيرات، والابتعاد عن الشر والعداوة، واحترام المسلم شعور أخيه المسلم، مع الاحترام في الدقة في المواعيد.

وقد أكد (قطب، 1983) أن من بناء العلاقات الاجتماعية والمحافظة عليها أمر مهم، من خلال الأمر بالمعروف والنهي عن المنكر، وهو قاعدة أساسية لحفظ الكيان الاجتماعي وصيانته من عوامل الفساد، وجعل الحياة الاجتماعية وفق المنهج الرباني سبباً في تحصيل السعادة والفلاح في الدنيا والآخرة، وتبدأ هذه القاعدة من الفرد والجماعة، وتتجه إلى جميع أفراد المجتمع.

وفي إشارة إلى (ابن تيمية، 1988) بأن من أسس العلاقات الاجتماعية بين المسلمين هو التعامل الحسن من خلال معاملاته وعلاقاته مع من حوله وتبني

المسلم المواقف الإيجابية للآخرين، ويثني عليهم بما فيهم ولا ينتقص من قدراتهم وإمكاناتهم، وبذل الكلمة الطيبة لهم والإحسان والعطف والرحمة بالتعامل مع الآخرين، ويتمتع بالسكون والصبر والحلم، واتباع سياسته معهم إبقاءاً على الهيبة والوقار المؤثرة في العلاقات مع الآخرين.

وفي بيان إلى (القسطلاني، 1996) من العلاقات الاجتماعية بين المسلمين والتي كان لها الأثر الأكبر في تأليف قلوب المسلمين بعضهم مع بعض من خلال مراعاة آداب الزيارة والضيافة، وذلك بمؤانسة الضيوف وإظهار السرور والانبساط وأن يشجع ضيفه على تناول الطعام، وبث الراحة والمحبة في نفوسهم، كذلك الزائر أن يتحين الوقت المناسب للزيارة، وعدم الإزعاج لأخيه المسلم.

وقد أكد (رفعت، د. ت) أن أدب الحديث والاستماع يُعد من أواصر المودة والمحبة بين المسلمين، وتحقيق الوئام والتفاهم وتبادل الفكر على الوجه الأكمل، فيلتزم المسلم تجاه إخوته المسلمين جميعاً بآداب الحديث والاستماع والحوار والمناقشة بكل طيب نفس.

وقد أشار (العبادي، 1996) بتبني المسلم لهموم المسلمين، والشعور والإحساس بالمسؤولية الإيجابية نحوهم كونهم ينتمون إلى دائرة الإسلام بهدف تحقيق الخير لهم في الدنيا والآخرة، وإلحاق الرحمة بهم، وتقويم سلوكهم وفق شرع الله تعالى وبتعهدهم بالرعاية والعطف والرحمة والتعاون.

ويدي (ابن العثيمين، 1993) بأن من العلاقات الاجتماعية بين المسلمين أداء الحقوق للمسلمين من خلال بث السلام على أخيك المسلم، وإذا دعاك فأجبه، وإذا استنصحك فانصحه، وإذا عطس فحمد الله فشمته وإذا مرض فعده وإذا مات فاتبعه، والإنفاق على المسلمين، وجلب المودة والألفة إلى المسلمين، وكف الأذى عنهم، وعيادة المريض منهم.

وقد بين (رضا، 1973) بأن الإحسان إلى الجار هي من العلاقات الاجتماعية المتميزة بين المسلمين بعضهم مع بعض من خلال التزاور، والمساعدة، والتعاون والرحمة.

هذا وقد جاء الأدب النظري متناولاً السلوك الفردي الإيجابي والسلبي وكذلك السلوك الأسري والعلاقات الاجتماعية بين المسلمين هذا وقد جاءت دراستي متناولة جميع هذه الفروع وتوضيحها.

ثانياً: الدراسات السابقة

يتناول هذا الجزء عرضاً لبعض الدراسات السابقة المتعلقة بموضوع الدراسة.

لقد أجرى (العصيمي، 1987) بدراسة بعنوان خطة الإسلام في ضمان الحاجات الأساسية لكل فرد. هدفت هذه الدراسة إلى بيان الخطة الإسلامية المحكمة لضمان الحاجات الأساسية لكل فرد، ولقد حرص الإسلام على ضمان الكفاية من الحاجات الأساسية لكل فرد، ورسم الطريقة الصحيحة لحصول الفرد على هذه الحاجات الأساسية وأشار الدارس إلى أهمية الموضوع في حياة المسلمين، ولأنه يمس مصلحة كل فرد وقام الباحث بمنهجية في البحث تقوم على جمع بنيان هذا الموضوع من أمهات كتب الشريعة الإسلامية، وهو كتاب الله وسنة رسوله وقد توصل الباحث لمجموعة من النتائج منها: تبين أن الإسلام كتلة واحدة يطبق كمجموعة قواعد متلاصقة متماسكة واحدة، ليس مقارنة الإسلام بغيره من النظم الوضعية مقارنة الند بالند ولكنه من باب الرد عليها وتزيفها.

لقد أشار (داليه، 1988) لدراسة بعنوان الإصلاح الاجتماعي في تفسير المنار. تهدف هذه الدراسة إلى بيان مواطن الإصلاح الاجتماعي في تفسير المنار وذلك لطبيعة المرحلة التي عاشها الفكر الإسلامي الحديث والمرحلة الاجتماعية

التي خاضت غمارها الأمة الإسلامية من تشتت في الأفكار، والمعتقدات فأراد الدارس أن يبين الإصلاح الاجتماعي في تفسير المنار، وكان تفسير المنار من أهم القضايا التي اهتم بها قضايا الإصلاح ودراسة أحوال المجتمع، ومحاولة إيجاد الحلول السليمة المستوحاة من كتاب الله لكثير من القضايا الاجتماعية، وقد أشار الباحث إلى سبب اختباره لهذا البحث منها: كثرة انتشار هذا التفسير بين أيدي المثقفين والمفكرين من الناس، وشدة الشبه بين العصر الذي عاشه رشيد رضا وعرضاً للحاضر من حيث الانفتاح على الحضارة وكان منهج الباحث في دراسته من خلال تناوله لكل أجزاء تفسير المنار وصفحاته واستخراج أهم القضايا الاجتماعية والنظرات والآراء الإصلاحية، التي تمثل فلسفة رشيد رضا، وقد اعتمد الباحث المنهج الوصفي الذي عرض المسائل بالنقد، وقد توصل الباحث إلى النتائج التالية:

- أن القرآن الكريم قد اهتم بالإصلاح والمصلحين فقد أشارت الآيات إلى أهمية الإصلاح الاجتماعي - بيان أهمية المرأة في المجتمع وأن صلاح أحوالها والاهتمام بأمرها، يحل كثيراً من المشاكل الاجتماعية ويرتقي بالمجتمع نحو الأفضل - إن الإسلام يقر مبدأ المساواة ويعتبره من المبادئ السامية.

- وقد أجرى (أبو زيد، 1991) دراسة بعنوان الأمن الاجتماعي من منظور القرآن الكريم.

تهدف هذه الدراسة إلى الوقوف على ملامح الأمن الاجتماعي من منظور القرآن الكريم، لما لهذا الموضوع من أهمية في الوقوف على المقاصد الشرعية من الضرورات والحاجيات والتحسينات ولها أثر في الحياة الاجتماعية للفرد والجماعة، وقد اتبع الباحث في منهجية البحث على الإطلاع على كتب المعاصرين، ولا سيما عن أولئك الذين كتبوا عن الأمن الاجتماعي وقد تطرق الدارس في الفصل الثاني

من دراسته إلى مدى الحاجـة للأسـرة، وأهميتها في تحقيـق أمـن المجتمـع وقد توصل الباحث في الدراسة إلى النتائج الآتية:

—   أن الأمن الاجتماعي من منظور القرآن الكريم يقوم على تحقيق الأمـن للفـرد الأسرة.

—   قضية الأمن الاجتماعي ودراستها قضية هامة لا غنى عنها للدول والمجتمعات عنها.

—   إن القرآن الكريم يرى في الإنسان كائناً، يجمع في طاقاته المادية التي تقتضيه الالتفات والإجابة إليها.

—   أن مـنهج اللــه هـو عقيـدة يفضي ـ إلى الشـريعة ويعتنـي بـالفرد والأسرة والمجتمع.

وقامت (رزاز، 1994) بدراسة بعنوان طاعة الزوجة لزوجها بـين الحـق والواجـب في الشريعة الإسلامية والشرائع الأخرى. هدفت هـذه الدراسـة إلى بيان كيفيـة إطاعـة الزوجة لزوجها من حيث الحق والواجب أي بين الشريعة الإسلامية والشرائع الوضعية الأخرى، وحيث أن الطاعة وفقاً للمفهوم السائد والقائم في كثير مـن الكتـب الفقهيـة والقانونية، وأقوال بعض الشرائح في المقابل لما يُبذل للمرأة من مهر، وما يقدم لهـا مـن نفقة فإن استغلال المرأة المادي والاقتصادي، يُعد سبباً جوهرياً قائماً بذاته بسـقط معـه علة الحكم الموجب لالتزام المرأة بواجب الطاعة، وبررت الدراسة سبب تقديمها لرسالة المرأة فهي وسيلة من وسائل التقرب إلى اللـه سبحانه وتعالى، لما أسقط بها الأسـباب التي حملت المرأة على الإخلال بمسؤولية الحكم الوحيد الذي أناط اللـه بـه كاهـل كـل امرأة مسلمة بمجرد توافر المركز الاجتماعي، بصفتهـا زوجة بكلمـة اللــه ورسـوله صـلى اللـه عليه وسلم بمقتضى ميثاق النكاح، وقد قامت الدراسة بمنهج للبحـث مـن خـلال تقسيم الأمر بالطاعة إلى

ثلاثة أقسام: المركز الاجتماعي والاقتصادي للمرأة في الإسلام والشرائع الأخرى المقارنة، الذاتية المستقلة للطبيعة الشرعية والقانونية لنظام الزواج في الإسلام، وأثر ذلك على طاعة لزوجة في قانون الزواج الإسلامي مع المقارنة، وقد كانت نتائج الدراسة تخلص إلى ما يلي: رفض كافة المبادئ التي طالب بها مشروع وثيقة الأمم المتحدة، وعدم تطبيقها، وقد نددت بها الدول الإسلامية، وجهات الافتاء في العالم الإسلامي والمسيحي، وكانت توصيات الدراسة على النحو التالي:

مواجهة كافة المؤامرات (المؤتمرات) التي تعقد للنيل من الإسلام في شخص المرأة، ووضع عقوبات تعزيرية تقع على عاتق الزوج والزوجة.

لقد أكد (بني عطا، 1995) بدراسة أجراها بعنوان أثر الخصائص الاجتماعية والاقتصادية على اتجاهات الأسر نحو الخصوبة في محافظة عجلون. تهدف هذه الدراسة إلى الكشف عن اتجاهات الأسر نحو الإنجاب حسب عدد من المتغيرات الاجتماعية والاقتصادية، وفحص العلاقة بين الزوجين. وقد اعتمد الدارس في منهجية الدراسة على بيانات قام بجمعها من استبانة قام بتوزيعها على عينة من مجتمع الدراسة، وقد استخدم الدارس المنهج الوصفي التحليلي، وتحليل متعدد المتغيرات لفحص واختيار العلاقات المتداخلة بين المتغيرات، وقد أبرز الباحث نتائج بوجود علاقة طردية قوية بين عمر الزوج، وعمر الزوجة، من جهة عدد الأبناء في الأسرة ومن جهة أخرى، ووجود علاقة عكسية بين المتغيرات (العمر عند الزواج الأول لكل من الزوج والزوجة وتعليم الزوج والزوجة ومستوى مهنة الزوجة) وعدد الأبناء في الأسرة، وقد قام الباحث بتقديم عدد من التوصيات منها: تحسين الأوضاع الاجتماعية والاقتصادية في منطقة الدراسة عن طريق إيجاد فرص عمل، وتغير اتجاهات السكان نحو الإنجاب عن طريق الدورات والمحاضرات التثقيفية، وضرورة توضيح رأي الدين بصورة واضحة، حول موضوع تنظيم الأسرة عن طريق الندوات الدينية والثقافية وخطب المساجد والنشرات.

لقد قام (هزايمة، 1997) بدراسة بعنوان دور التربية الإسلامية في بناء العلاقات الاجتماعية في ضوء السنة النبوية. هدفت هذه الدراسة للإجابة عن السؤالين الآتيين: ما دور التربية الإسلامية في بناء العلاقات الاجتماعية في ضوء السنة النبوية؟ وما أبرز العوامل المؤثرة في هذه العلاقات إيجاباً أو سلباً، حيث قام الدارس بتحديد عناصر العلاقات الاجتماعية المراد دراستها ثم تحليلها ببيان آثارها المؤثرة في العلاقات الاجتماعية إيجاباً أو سلباً، ثم قام الدارس بالحديث عن دور التربية الإسلامية في هذه العلاقة من البر والإحسان للوالدين، وحسن المعاشرة والمعاملة في الحياة وبعد الممات، ثم تبين دور الدارس من خلال إبراز العوامل المؤثرة في العلاقات الاجتماعية، وأشار في الخاتمة إلى أبرز النتائج والتوصيات وظهر من خلال الدراسة أن التربية الإسلامية حددت لكل فرد من أفراد المجتمع حقوقه وواجباته، وحددت له مسؤولياته تجاه الآخرين، ودعت إلى التحلي بالفضائل الخُلقية وتمثل القيم الإسلامية، وتجنب الأمراض الاجتماعية، وطرح العلل الاجتماعية للحفاظ على العلاقات الاجتماعية في المجتمع المسلم قوية متينة.

وأجرى (أحمد، 1997) دراسة بعنوان دور المعلم التربوي في ضوء التربية الإسلامية، هدفت هذه الدراسة إلى تحقيق هدفين أحدهما نظري، والآخر تطبيقي، ففي الجانب النظري سعت الدراسة للكشف عن دور المعلم في ضوء التربية الإسلامية، كما وردت في القرآن الكريم والسنة النبوية المطهرة، في محاولة من الدارس للوقوف على دور المعلم في التربية الإسلامية الذي يفترض أن يقوم به تجاه ممن لهم في أعناقه حق التربية والتعليم، وقد استطاع الباحث أن يستخلص واحداً وخمسين دوراً تربوياً للمعلم، وقام بتوزيعها على خمسة مجالات يتعامل معها المعلم في ممارسته لمهنة التربية والتعليم، ولقد أظهر الدارس النتائج التي تمخضت عنها الدراسة من خلال التقاء أعضاء هيئة التدريس في كُليتي الشريعة والتربية واتفاقهم على دور المعلم في التربية الإسلامية وكذلك بيان أهمية هذه الأدوار التي

يقوم بها المعلم كضرورة ومرتكزات للنفس الإنسانية، وقام الباحث باقتراح عدداً من التوصيات للدراسة منها: ضرورة زيادة الاهتمام بالمعلمين على اعتبار أنهم أسس نهضة المجتمع وتقدمه ونمائه وأنهم أصحاب أسمى رسالة في المجتمع، وأنهم يستحقون كل الرعاية والدعم والتقدير.

لقد قام (المقوسي، 1997) بدراسة بعنوان حقوق الطفولة في الشريعة الإسلامية، وأثرها في وقاية الأحداث من الجريمة. هدفت هذه الدراسة إلى إظهار أثر الحقوق التي أقرها الشارع الحكيم للطفل في وقايته وصيانته من الوقوع في مُستنقع الجريمة والانحراف، وقد بين الباحث حقوق الطفل قبل الولادة وحقوقه بعد الولادة، وقد اعتمد الدارس على بيان المعالم الشرعية لكل حق من الحقوق بصورة مجملة وشاملة معتمداً على الكم الهائل من المعلومات المبثوثة في كتب الفقه الإسلامي، ولفت الباحث النظر إلى مشكلة انحراف الأحداث والتي يعود سبب انحرافهم إلى حرمانهم حقوقهم من نفقة ونسب وعاطفة، وتربية وتعليم، ولقد قام الدارس توصيات منها:

- مراعاة حقوق الطفل التي أقرها الإسلام وتوفيرها بصورة تكاملية شمولية.
- التعامل مع الطفل بخصوصية، ومراعاة عالم الطفولة بأجوائه الخاصة.
- الالتزام بأحكام الشريعة الإسلامية في حل مشكلة انحراف الأحداث.

وقد أجرى (شرقاوي، 1998) دراسة بعنوان "أسس وأخلاقيات التعليم في ضوء أهداف التربية الإسلامية". هدفت هذه الدراسة إلى تحديد أسس وأخلاقيات التعليم في ضوء أهداف التربية الإسلامية كما وردت في القرآن الكريم والسنة النبوية الشريفة، وقد استطاع الدارس أن يُكون خمسة أسئلة لتحقيق هدف الدراسة والإجابة عنها، وقد قام الدارس بتصميم استبانة مكونة من (95) فقرة، وقد قام

بتوزيعها على مجتمع الدراسة والبالغ عـددهم (60) مسـتجيباً وقـد توزعـت مؤهلاتهم من مستوى الماجستير والدكتوراه وللإجابـة عـن أسـئلة الدراسـة تم حسـاب المتوسطات الحسابية والانحرافات المعيارية، حيـث بلـغ المتوسـط (4.96) والانحـراف المعياري (0.31) وقد أظهر الـدارس بعـض النتـائج لدراسـته تـتلخص فيمـا يـلي: التقـاء أعضاء هيئة التدريس في كلية التربية في جامعة اليرموك واتفاقهم عـلى أهميـة التعليـم الإسلامي، والمجالات التي تحدث عنها الدارس كـما جـاءت في كتـاب اللـه وسـنة نبيـه ممثلة بأدوار ومبادئ ومرتكـزات لا تـزال قائمـة في الـنفس الإنسـانية، واقـع ممارسـات التعليم في مدارسنا حالياً لا يستقي أسسه ومبادئه من القرآن الكريم والسـنة النبويـة وقـام الباحـث بتقـديم توصيات لدراسـته أهمهـا: أن تلتـزم المؤسسـات التربويـة في المجتمعـات الإسلامية بأخلاقيـات التربيـة الإسلامية، وأن يلتـزم المعلمـون بأخلاقيـات التعليـم كما وردت في الدراسة، أن يلتـزم المتعلمـون عـلى كافـة مسـتوياتهم بأخلاقيـات التعليم كما وردت في الدراسة.

ولقد أشار (العمري، 1998) لدراسة بعنوان العوامل الاجتماعية الأسرية المـؤثرة في مدى التزام طلبة جامعة اليرموك بالقيم الإسلامية. هدفت هذه الدراسة إلى الكشـف عن أثر العوامل الاجتماعية الأسرية والتي تضم طبيعة الأسرة، ونمط التنشئة الأسرية، وعـدد أفراد الأسرة، ومنطقـة السـكن وتعلـيم الأم، وتعلـيم الأب في الالتـزام بـالقيم الإسلامية، وقد حاولت الدراسة الإجابة عن السؤالين التاليين:

— ما مدى التزام طلبة جامعة اليرموك بالقيم الإسلامية؟

— ما مدى تأثير العوامل الآتية في التزام طلبة جامعة اليرموك بالقيم الإسلامية وطبيعة الأسرة، ونمط التنشئة، وعدد أفراد الأسرة، ومنطقـة السـكن، وتعلـم الأم، وتعلم الأب؟

وقد طورت الدراسة أداة لقياس الالتزام بالقيم الإسلامية، اشتملت على أربعة أبعاد هي: بُعد النظم، وبعد العبارات، وبُعد الأخلاق، وبُعد العقائد، واستخدمت عينة مكونة من (803) طالباً وطالبة من طلبة جامعة اليرموك وعددهم (11480) طالباً وطالبة، واستخدمت الباحثة للإجابة عن أسئلة الدراسة المتوسطات الحسابية والانحرافات المعيارية، والنسب المئوية والتكرارات واستخدام تحليل الانحدار المتعدد وقد أشارت الدراسة إلى أن نتائج الدراسة أثبتت أن نسبة الملتزمين بالقيم الإسلامية مرتفعة نسبياً وقد بلغت (74 %) دائماً وغالباً، وفي ضوء النتائج أوصت الباحثة: بضرورة الاهتمام بغرس القيم الإسلامية في نفوس الأفراد، وإجراء كثير من الدراسات التي تكشف عن عوامل مثل: المدرس، والمناخ الجامعي ووسائل الإعلام.

وأجرى (الحجاج، 1998) دراسة بعنوان أنماط التنشئة الأسرية، والمستويات الاجتماعية، والاقتصادية والثقافية السائدة، لدى الجانحين في مراكز الإصلاح والتأهيل في الأردن. تهدف هذه الدراسة إلى التعريف على أنماط التنشئة الأسرية، والمستويات الاقتصادية والاجتماعية والثقافية لدى الأحداث الجانحين (الذكور والإناث) وقد ذكر الدراسة أن دراسته وصفية وسعت للإجابة عن السؤالين التاليين:

- ما أنماط التنشئة الأسرية الممارسة من قبل أسر أفراد العينة (الذكور والإناث)؟
- ما المستويات الاجتماعية، والاقتصادية والثقافية التي ينتمي إليها أفراد العينة (الذكور والإناث) وأسرهم؟

وقد أشار الدارس إلى أن عينة الدراسة بلغت (75) حديثاً، جانحاً منهم (63) من الذكور و (2) من الإناث، وتمثل العينة مختلف مناطق الأردن. وقد قام

الدارس بتطوير أداة الدراسة من الصدق والثبات وتضمينها فقرات للكشف عن المستويات الاجتماعية والاقتصادية، وقد توصل الدارس إلى عدد من النتائج منها: ممارسة الأنماط السلبية التالية (التساهل، التشدد، الإهمال، وعدم الاتساق في المعاملة) من قبل أفراد العينة، كان المستوى الاجتماعي لأسر أفراد العينة مرتفعاً، كان لمستوى الاقتصادي لأسر أفراد العينة متوسطاً. وقدم الباحث عدة توصيات منها: مخاطبة الآباء والأمهات بالابتعاد عن الأنماط السلبية في عملية التنشئة لأبنائهم، تعاون الأسرة والمدرسة في عملية التنشئة، وعلى وزارة التربية والتعليم أن تضمن المناهج والكتب المدرسية.

وقام (مفرج، 1999) بدراسة بعنوان القيم التربوية في القرآن الكريم. هدفت هذه الدراسة إلى الكشف عن القيم التربوية الموجودة في كتاب الله تعالى، ولتحقيق هدف الدراسة حاول الدارس أن يجيب عن سؤال الدراسة التالي: ما القيم التربوية التي تضمنها القرآن الحكيم؟ وقام الدارس بقراءة الآيات القرآنية الكريمة مستخرجاً القيم التربوية منها، معتمداً في الكشف عنها على المعنى العام للآيات الحكيمة وقد أسفرت الدراسة عن القيم التربوية التي استطاع الباحث بالإضافة، إلى الآيات القرآنية، والاستعانة ببعض الأحاديث النبوية الصحيحة في بعض القيم المستنبطة، فكونت هذه القيم منظومة القيم التربوية في القرآن الحكيم وبين الباحث أن قيمة دخول الجنة والرضوان من الله هي القيمة الأولى والمحورية في هذه المنظومة والتي تدور في فلكها قيم الإسلام عامة وهي القيمة الغائية التي يقف عندها أمل المؤمنين، واعتمد الدارس المنهج الوصفي التحليلي في دراسته.

أما الدراسة التي أجراها (أحمد، 1999) بعنوان العنف الأسري ضد الطفل في المجتمع الأردني "دراسة اجتماعية لفئة من الأسر في محافظة عجلون". هدفت هذه الدراسة إلى التعرف على حجم مشكلة العنف الأسري ضد الطفل في محافظة عجلون والكشف عن أسباب العنف الأسري وأشكاله المختلفة وعلاقة العنف

ببعض المتغيرات الاجتماعية، وقد استخدم الدارس في هذه الدراسة عينة عرضية من الأسر والأطفال الذين تتراوح أعمارهم من (5-13) عاماً في محافظة عجلون، وتم إدخال البيانات بعد جمعها وإدخالها إلى الحاسوب، وتحليلها باستخدام النسب والتكرارات المئوية واختيار (مربع كاي) واختيار (ت) واختيار (ف): تحليل التباين الأحادي، وقد دلت نتائج الدراسة من وجهة نظر الأسر على العنف الجسدي ضد الطفل، فهو أكثر أشكال العنف الأسري ممارسة ضده حيث بلغت نسبتهم (98.7 %) وأما أكثر أشكال العنف الأسري شيوعاً من وجهة نظر الأطفال أنفسهم، فهو العنف اللفظي بنسبة (90.3 %) أقل أشكال العنف شيوعاً العنف الجسدي بنسبة (61.3 %).

وقام (العلي، 1999) بدراسة بعنوان الشخصية الإسلامية في ضوء الكتاب والسنة التحديات التي يواجهها وسبل مواجهتها. هدفت هذه الدراسة إلى إبراز سمات الشخصية الإسلامية في ضوء الكتاب والسنة، وإماطة اللثام عن التحديات وهي تلك التيارات المدمرة التي تستهدف الشخصية المسلمة والأسرة المسلمة من جذورها، ولقد قام الدارس بمنهجية استخدم فيها المنهج الوصفي التحليلي، واعتمد على ما يلي: الرجوع إلى المصادر الأصيلة في مجال الدراسة، من خلال كتاب الله العزيز والسنة المطهرة والمصادر الأولية، وتوثيق المعلومات من المصادر والمراجع وفق الأصول العلمية، وتخريج الأحاديث من مصادرها، وتوضيح ما غمض من الألفاظ والمصطلحات التي قد ترد في المتن، ووضع قائمة بالمصادر والمراجع المعتمدة.

ولقد توصل الدارس لمجموعة من النتائج منها:

أثبتت الدراسة أن الشخصية الإسلامية تمتاز بسمات كثيرة منها، الولاء والبراء، والاستقلالية، اليقظة والحذر، الشعور بالعزة والكرامة الحرية والمسؤولية... الخ وواجهت الشخصية الإسلامية كثير من التحديات بهذه

السمات المذكورة، هذا وقد أورد الدارس عدداً من التوصيات منها: يوصي الباحث بوجوب التنسيق والتخطيط بين العاملين في جميع ميادين التربية والقيادات السياسية، ويوصي الباحث بالقائمين على المناهج تخطيطاً ويعلموا جاهدين كي تساهم هذه المناهج في تقوية صلة العبد بربه.

وقام (الرميضي، 1999) بدراسة بعنوان "خصائص الأمة الإسلامية كما يصورها القرآن الكريم". تهدف هذه الدراسة إلى بيان خصائص وصفات الأمة الإسلامية كما بينها القرآن الكريم، وأشار الدارس إلى أهمية البحث من خلال واقع الأمة المرير الذي تعيشه اليوم، حيث أزاحت بنفسها وأزيحت عن مركز القيادة والإمامة التي أرادها الله سبحانه لها، وقد اتبع الدارس منهج البحث من خلال، تتبع الآيات والسور القرآنية المتضمنة خصائص الأمة المسلمة، وجمعها ومن ثم ترتيبها حسب النزول في كل باب، وبعد ترتيبها ترتيباً متناسقاً بحيث يصبح موضوعاً متكاملاً بعناصره وأقسامه وتناول ذلك بالشرح والتفصيل، والدراسة حتى استوفى الباحث جميع معانيها بقدر الإمكان مع مراعاة الربط بينهما، وبعد الانتهاء من كل باب عرضه على الأستاذ المشرف للانتفاع ببصماته وتوجيهاته.

وقد توصل الباحث إلى النتائج التالية:

ضرورة ربط الأمة بكل طبقاتها ومستوياتها وبالقرآن الكريم، إن الله سبحانه اختص الأمة بخصائص كثيرة لم يعلمها غيره من الأمم السابقة، إن الخصائص التي تعرض لها الباحث كانت على سبيل البحث والتعمق والدراسة والتحقيق، وليس على سبيل الجمع والسرد والاستقصاء.

وقام (العياصرة، 2000) بدراسة بعنوان "الشورى في الإسلام ومدى وضوحها لدى عينة من المفكرين الأردنيين وبيان بعض ممارساتها التربوية". هدفت هذه الدراسة إلى بيان مفهوم الشورى في الإسلام ومدى وضوحها لدى عينة من

المفكرين الأردنيين، وبيان بعض ممارساتها التربوية، وذلك من خلال الإجابة عن الأسئلة التالية:

- ما مفهوم الشورى في الإسلام كما وردت في القرآن الكريم والسنة النبوية الشريفة؟.

- ما مدى وضوح مفهوم الشورى في أذهان الأردنيين؟

- ما آليات ممارسة الشورى لبعض المستويات التربوية في المجتمع الأردني من وجهة نظر عينه من المفكرين الأردنيين؟

وتمت الإجابة عن الأسئلة من خلال المنهج الاستقرائي وتحليل الآيات القرآنية، والأحاديث النبوية الشريفة المتعلقة بمفهوم الشورى في الإسلام، وقام الباحث ببناء استبانة مكونة من (49) فقرة وزعت على عينة من المفكرين الأردنيين، والبالغ عددهم (22) وقد أظهرت نتائج الدراسة ما يلي:

- أن الشورى أسلوب إداري في الإسلام لاتخاذ القرارات.

- أن الحاكم المسلم ملزم بتنفيذ القرار الذي يصدر عن أسلوب الشورى.

- أن ممارسة الشورى هي أمر واجب على المسؤولين الأردنيين في كافة المستويات الإدارية.

لقد أجرى (بني عيسى، 2001) دراسة بعنوان مفهوم العدل في التربية الإسلامية، وانعكاساتها التربوية. هدفت هذه الدراسة إلى بيان العدل في التربية الإسلامية، وانعكاساتها التربوية، وذلك بعد قراءة القرآن بصورة كاملة، وقد قامت الدراسة بالإجابة عن السؤالين التاليين:

1. ما مفهوم العدل في سياق القرآن الكريم والسنة النبوية الشريفة؟

2. ما الانعكاسات التربوية لمفهوم العدل في التربية الإسلامية؟

وقد استخدم الباحث طريقة إجرائية في دراسته تمثلت بالمنهج الوصفي التحليلي، ودراسة آيات القرآن الكريم كاملاً، ودراسة الأحاديث النبوية المرتبطة بالعدل، وذلك بالاعتماد على قرص الليزر CD-ROM، واقتصر في البحث على الكتب التسعة: صحيح البخاري، صحيح مسلم، سنن الترمذي، سنن النسائي، سنن أبي داود، سنن الدرامي، سنن ابن ماجة، مسند الإمام أحمد بن حنبل، موطأ الإمام مالك بن أنس، وقد استخدم الباحث الكلمات المفتاحية الآتية: (عدل، قسط، ظُلم، جُور، حُدود، أصلي، الرفق، لقمة، طعام ذهب، طعن، مثل). وأورد الباحث نتائج دراسته منها: أن العدل يغرس في نفس الفرد الإصلاح، ويغرس في نفس الفرد عدم الثأر، ويغرس في نفس الفرد المبادأة وعدم الوقوف وإعاقة تقدم الآخرين وبناء على ما توصلت إليه الدراسة قام الدارس بوضع مجموعة من التوصيات أهمها:

أ. ضرورة تطبيق مفهوم العدل بكافة صوره ومجالاته في جميع مناحي الحياة كلاً حسب مسؤولياته.

ب. دعوة المؤسسة التربوية إلى التركيز في مناهجنا على مفهوم العدل، وإبراز أهميته في المجتمع.

ج. وإجراء مزيد من الدراسات عن مفهوم العدل.

وقد قام (بدارنة، 2001) بدراسة بعنوان "المبادئ التربوية في سياق القرآن الكريم والسنة النبوية الشريفة". هدفت هذه الدراسة إلى التعرف على المبادئ التربوية الواردة في القرآن الكريم والسنة النبوية الشريفة، وإلى بيان العلاقة القائمة بين المبادئ التربوية الواردة في القرآن والسنة واستخدم الدارس في دراسته منهجية تقوم على: قراءة جميع الآيات القرآنية الحكيمة، واعتمد الباحث في تفسيره للآيات القرآنية على "تفسير ابن كثير" وتفسير الطبري، وقام الباحث بقراءة الأحاديث

النبوية الشريفة. ومن ثم جمع الأحاديث النبوية الشريفة، واعتمد الدارس على صحيح البخاري ومسلم، وكتب السنن الأربعة لمعرفة الأحاديث النبوية الشريفة، وقد استطاع الدارس أن يستخلص واحداً وعشرين مبدءاً تربوياً وقام بتبويبها ضمن خمسة مجالات هي:

1- مجال الخلق والتوحيد 2- مجال العلم 3- مجال الأساليب التربوية

4- مجال وحدة الأمة 5- والمجال الفكري

وفي ضوء نتائج الدراسة أوصى الباحث بمجموعة من التوصيات منها

- ضرورة مراعاة الفطرة الإنسانية
- حسن استثمار العقل البشري
- العمل على محو الأمية الأبجدية والأمية الوظيفية والأمية الحضارية.

وقد أجرى (عبابنة، 2001) دراسة بعنوان "التربية المعرفية للأطفال في الإسلام" دراسة تربوية". هدفت هذه الدراسة إلى إبراز التربية المعرفية للأطفال في الإسلام ولتحقيق هذا الهدف أجاب الدارس عن الأسئلة التالية:

- ما حق ومبادئ تعليم الأطفال في ضوء التربية الإسلامية؟
- ما مفهوم التربية المعرفية ومراحل نموها، والقدرات المعرفية عند الأطفال في الإسلام؟
- ما الطرق التعليمية الخاصة بالتربية المعرفية للأطفال في ضوء التربية الإسلامية؟

- ما أهداف التربية المعرفية للأطفال في ضوء التربية الإسلامية؟

وقد استخدم الدارس المنهج الوصفي التحليل، والمنهج الاستنباطي، وقام الباحث بتحليل محتوى النصوص الواردة، وتتبع النصوص القرآنية الكريمة: والأحاديث النبوية الشريفة، وقد خلص الباحث إلى إبراز النتائج التالية: التربية المعرفية للطفل تعني تربية عقل الطفل، واهتمام الإسلام بالطفولة لأهمية هذه المرحلة في حياة الإنسان، والعملية التعليمية للطفل عملية منظمة اتبع المربون المسلمون كل ما يلزم عن طريق تعلمه خاصة بالتربية المعرفية للأطفال، وفي ضوء هذه النتائج أوصى الباحث الآباء والأمهات بضرورة العناية بتعليم الطفل منذ صغره، واعطائه المعلومة التي تتناسب مع مستواه العقلي.

وأجرى (العيسى، 2001) دراسة بعنوان "المبادئ التربوية للأسرة في ضوء التربية الإسلامية". هدفت هذه الدراسة إلى التعرف على أهم المبادئ التربوية التي تخص الحياة الزوجية ولتحقيق هذا الهدف قام الدارس بالإجابة عن الأسئلة التالية:

- ما المبادئ التربوية لحقوق الزوجة على زوجها؟
- ما المبادئ التربوية لحقوق الزوج على زوجته؟
- ما المبادئ التربوية لحقوق الأبناء على الآباء؟
- ما المبادئ التربوية لحقوق الآباء على الأبناء؟.

وقد قام الدارس باستقراء الآيات القرآنية، والأحاديث النبوية الشريفة المتضمنة للمبادئ التربوية المتعلقة بالأسرة، وقد اعتمد الباحث على المعنى العام للآيات القرآنية الكريمة والأحاديث النبوية الشريفة، وقد استطاع الدارس أن يستخلص أربعاً وعشرين مبدءاً تربوياً تم تقسيمها إلى أربعة مجالاتً كما يأتي: حقوق الزوجة، وحقوق الزوج، حقوق الأولاد، حقوق الآباء. وأوصى الدارس في دراسته بمجموعة من التوصيات منها: على الزوج أن يختار زوجته كما للزوجة

حق اختيار زوجها، والنفقة من مسؤوليات الرجل تجاه زوجته وأسرته، وعليه أن ينفق عليها بقدر استطاعته، لقد شرع الله تعالى تعدد الزوجات مع العدل بينهما، بالمعاشرة الحسنة تدوم الحياة وعلى كل من الزوجين أن يحسن معاشرة زوجه.

أما الدراسة التي أجراها (الزيوت، 2002) بعنوان الإحسان في القرآن الكريم "دراسة موضوعية". هدفت هذه الدراسة إلى بيان موضوع الإحسان في القرآن الكريم وفق منهج التفسير الموضوعي فجاءت في خمسة فصول إضافية إلى المقدمة والخاتمة. واستخدم الدارس الأسلوب الوصفي التحليلي من خلال قراءة الآيات التي ورد ذكر مفهوم الإحسان فيها وتضمينها في الموضوع بصورة موضوعية وميسرة وأشار إلى مفهوم الإحسان في القرآن الكريم والسنة النبوية ويحث الدارس فيه على ما يتعلق بإحسان الله تعالى، وكذلك الإحسان إلى الوالدين والبر بهما، كما أوضح الإحسان لذوي الحاجات، واليتامى والفقراء والجيران والأصحاب، وقد تطرق الباحث كذلك إلى إحسان القول والعمل وقد توصل الباحث إلى مجموعة من النتائج منها:

- أن الإحسان منه ما هو واجب، ولا يعذر أحد بتركه، ومنه ما هو مندوب له وهو شامل لأقول الإنسان وأعماله – إن الإحسان صفة من صفات الله عز وجل- أن الإحسان المسيء أعلى درجات الإحسان التي ينال فيها العبد الرفعة في الدنيا والآخرة – إن الله أعد للمحسنين مزيداً من الجزاء، فهو يعمل لهم الأجر في الدنيا.

لقد أجرى (الشريفين، 2002) دراسة بعنوان "تعديل السلوك الإنساني في التربية الإسلامية". هدفت هذه الدراسة إلى التعرف على تعديل السلوك الإنساني من وجهة نظر التربية الإسلامية بإبراز دورها في مجال تعديل السلوك، وكذلك التعرف على أهداف تعديل السلوك في التربية الإسلامية وخصائصه، وقد استخدم الدارس المنهجين الوصفي والاستنباطي أساساً لدراسته بالإضافة إلى المنهج

التأصيلي المقارن ولقد توصل الدارس لعدد من النتائج منها: السلوك الإنساني هو النشاط الصادر عن الإنسان سواء أكان ملاحظاً أم غير ملاحظ، الانحراف في السلوك يأتي نتيجة انحراف في الشخص عن الدين الرباني الصحيح المتمثل اليوم في العقيدة الإسلامية التي هي منهج الله تعالى وقد أوصى الدارس بما يلي: تبني كليات الشريعة في الجامعات الأردنية لموضوعات تسهم في التأصيل الإسلامي لعلم النفس – كشف التربويين والمشتغلين في علم النفس لأصول ومبادئ تعديل السلوك وطرائقه في القرآن الكريم والسنة النبوية الشريفة.

ولقد أجرى (الجوابرة، 2002) دراسة بعنوان "المرويات الواردة في صلة الرحم". تهدف هذه الدراسة إلى بيان الأحاديث الواردة في صلة الرحم، فأولى الناس بالصلة الوالدين، وقد حث الإسلام على برهما وأمر به، وجعله من أفضل وسائل التقرب إلى الله وحذر عقوقهما وجعلهما من الكبائر، وأمر بصلة الرحم، ونهى عن قطيعتهما، وقد جمع الدارس في هذه الدراسة 170 حديثاً منها 92 حديثاً في الوالدين و 78 في الرحم بشكل عام، وخرج أحاديثها ودرس أسانيدها، وبين الدارس منهجية في رسالته من خلال عرض الحديث، وتخريجه، ودراسة الأسانيد، والحكم على الحديث، والغريب والمعاني وقد توصل الباحث إلى النتائج التالية: بلغت الأحاديث الصحيحة 73 حديثاً، والصحيح لغيره 15 حديثاً، والحسن 9 أحاديث، وأما الحسن لغيره 23 حديثاً وبلغت الأحاديث الضعيفة 29 حديثاً، والضعيف جداً 21 حديثاً وأما الموضوع فبلغ حديثين وفي الختام قام الدارس مجموعة من التوصيات أبرزها: أن من له اهتماماً بعلم الاجتماع في العلاقات الأسرية أن ينظر في هذه الرسالة ويستفيد من الأحاديث الواردة فيها.

لقد أجرى (خذيري، 2002) دراسة بعنوان "المقاصد الشرعية المتعلقة بالأسرة ووسائلها" هدفت هذه الدراسة إلى بيان المقاصد الشرعية المتعلقة بالأسرة ووسائلها على أنها مقاصد تساهم في إنجاح الأسر وتراحمها وبنائها، وأشار

الدارس إلى أهمية دراسة المقاصد والنظر في علم العلل والحكم، وأكد الـدارس على أهمية الموضوع وسبب اختياره مـن خلال: حاجـة النـاس عامـة إلى التعـرف عـلى المقاصد الشرعية المتعلقة بالأسرة وأن موضوع المقاصد تعتريـه تهمة تـأليف وتسـويق هذه الأيام والتصدي لحملة العلمنة في ديار الإسلام، وبخاصة في مجال الأسرة، وتكلم عن أهمية الأسرة في الإسلام في الفصل التمهيدي في المبحث الثالث وأشار إلى أن الأسرة المسلمة هي نواة المجتمع الصالح، والأسرة هـي جماعـة تربطهـا الـرحم المحرمـة، وتـم شتاتها الأوامر المشروعة وقد توصل الدارس إلى بعض النتائج لدراسته منها:

- تأصيل المباحث الفقهية بنظر مقاصدي تعليلي.

- التفكير المقاصدي المعني على صريح الدلالة وصحيحها في مجال الأسرة.

- النظر إلى أعظم المقاصد المتوخاة من شعيرة النكاح.

- منع النسل بشتى وسائله وتسمياته يعارض المقصد الأصلي واشتراط الولاية والمهر والإعلان في عقد النكاح.

لقد اتبع الدارس منهجاً علمياً في بحثه وأهم عناصره، عـزو الآيـات القرآنيـة إلى سـورها بأرقامهـا وإن تكـررت، وتخـريج الأحاديـث النبويـة كلهـا، والترجمـة للعلـماء المذكورين، وتوثيق المسائل المنقولة، والاعتماد على الكتب الفقهية والأصولية المعتمـدة في كل مذهب كما وضع الباحث فهارس علمية للآيات والأحاديث والمصادر والمراجع.

كما وجدت أن هناك بعض الدراسات أكدت على دور السلوك الفردي والسلوك الأسري، والعلاقات الاجتماعية بين المسلمين في الاهتمام بالأصول الاجتماعية الإسلامية والتي تقوم على المساواة بين جميع الأفراد.

ومن هنا جاءت هذه الدراسة للتعرف على الأصول الاجتماعية التربوية الإسلامية التي تقوم عليها العلاقات الاجتماعية بين المسلمين في ضوء التربية الإسلامية متمثلة بالأصول التي تقوم عليها واجبات كل من الأفراد تجاه أنفسهم وتجاه خالقهم، وواجبات الزوج والزوجة تجاه بعضهما البعض وتجاه الأبناء، والعلاقات الثابتة الراسخة بين الأبناء وبين الأفراد المسلمين داخل هذا المجتمع وكذلك أشارت الدراسة إلى البحث في العلاقات الاجتماعية بين المسلمين وسبل تعميقها وتماسكها على أسس سليمة ومبادئ وأهداف إسلامية تربوية رشيدة تجعل من المجتمع مجتمعاً متماسكاً متراحماً أراده الله سبحانه تعالى وارتآه لأمته ومجتمعه.

الفصل الثالث

الطريقة والإجراءات

الفصل الثالث

الطريقة والإجراءات

حتى يتمكن الباحث من الإجابة عن سؤال الدراسة المتفرع إلى ثلاثة أسئلة قام بمسح للآيات القرآنية الكريمة والأحاديث النبوية الشريفة، التي تحدثت عن الأصول الاجتماعية للتربية من منظور إسلامي، المتمثلة بالسلوك الفردي، والسلوك الأسري، والعلاقات الاجتماعية بين المسلمين ولذلك قام الباحث بما يلي:

− قام الباحث باستخدام المنهج الوصفي التحليلي من خلال مسح الآيات القرآنية، وكذلك الأحاديث النبوية الشريفة من كُتب الأحاديث المختلفة، وكتب التفسير التي لها علاقة بالأصول الاجتماعية للتربية الإسلامية عندما يصعب عليَّ فهم الآية القرآنية.

− تم استخدام المعجم المفهرس لألفاظ القرآن الكريم، والمعجم المفهرس لألفاظ الحديث النبوي الشريف و (CD-s جامع لتفاسير الآيات القرآنية, وشروح الحديث النبوي الشريف) ليسهل جمع الآيات والأحاديث النبوية التي لها علاقة بالأصول الاجتماعية للتربية الإسلامية.

− اعتمد الباحث على المعنى العام للآيات القرآنية، والأحاديث النبوية الشريفة.

− قام الباحث بتقسيم الأصول الاجتماعية للتربية الإسلامية المتعلقة بالسلوك الفردي، والسلوك الأسري والعلاقات الاجتماعية بين المسلمين.

قام الباحث بجدولة الآيات القرآنية، والأحاديث النبوية التي تحدثت عن الأصول الاجتماعية للتربية الإسلامية من خلال ذكر الأصل الاجتماعي ونص الآية أو الحديث الدال على هذا الأصل ثم السورة وراوي الحديث ورقم الآية أو الحديث وكذلك المعنى العام للآية أو الحديث الشريف واعتمد الباحث في استخراج المعنى العام للآيات، على تفسير القرطبي، وتفسير التحرير والتنوير لابن عاشور، وتفسير المنار للشيخ محمد عبده، تحقيق محمد رشيد رضا، وعلى ظلال القرآن لسيد قطب. وأشير إلى الدارس بالنظر إلى الملاحق ملحق (1) ص178، ملحق (2) ص 195، ملحق (3) ص 200، ملحق (4) ص 219.

الفصل الرابع

نتائج الدراسة

الفصل الرابع

نتائج الدراسة

نتائج الفرع الأول من سؤال الدراسة "ما أهم معالم نظرة الإسلام للسلوك الفردي من حيث المقبول والمرفوض المتُضَمِنَة في القرآن الكريم، والسنة النبوية الشريفة" كما يلي:

برّ الوالدين

برّ الوالدين والإحسان إليهما واجب على كل مسلم ومسلمة، ومُقترن بعبادة الله تعالى ويقول تعالى: وَقَضَى رَبُّكَ أَلَّا تَعْبُدُوا إِلَّا إِيَّاهُ وَبِالْوَالِدَيْنِ إِحْسَانًا إِمَّا يَبْلُغَنَّ عِنْدَكَ الْكِبَرَ أَحَدُهُمَا أَوْكِلَاهُمَا فَلَا تَقُلْ لَهُمَا أُفٍّ وَلَا تَنْهَرْهُمَا وَقُلْ لَهُمَا قَوْلًا كَرِيمًا (23) وَاخْفِضْ لَهُمَا جَنَاحَ الذُّلِّ مِنَ الرَّحْمَةِ وَقُلْ رَبِّ ارْحَمْهُمَا كَمَا رَبَّيَانِي صَغِيرًا [الإسراء:23-24] فعلى المسلم أن يُعامل والديه بالحسنى واللين والرفق، ولا يُظهر لهما أي غضب أو تأفف، إنما يطيعهما في كل ما يأمرانه ضمن حدود الشرع، فلا طاعة لهما في معصية الله تعالى، يقول سبحانه: وَوَصَّيْنَا الْإِنْسَانَ بِوَالِدَيْهِ حُسْنًا وَإِنْ جَاهَدَاكَ لِتُشْرِكَ بِي مَا لَيْسَ لَكَ بِهِ عِلْمٌ فَلَا تُطِعْهُمَا إِلَيَّ مَرْجِعُكُمْ فَأُنَبِّئُكُمْ بِمَا كُنْتُمْ تَعْمَلُونَ [العنكبوت:8] ويقول تعالى: وَوَصَّيْنَا الْإِنْسَانَ بِوَالِدَيْهِ حَمَلَتْهُ أُمُّهُ وَهْنًا عَلَى وَهْنٍ وَفِصَالُهُ فِي عَامَيْنِ أَنِ اشْكُرْ لِي وَلِوَالِدَيْكَ إِلَيَّ الْمَصِيرُ (14) وَإِنْ جَاهَدَاكَ عَلَى أَنْ تُشْرِكَ بِي مَا لَيْسَ لَكَ بِهِ عِلْمٌ فَلَا تُطِعْهُمَا وَصَاحِبْهُمَا فِي الدُّنْيَا مَعْرُوفًا وَاتَّبِعْ سَبِيلَ مَنْ أَنَابَ إِلَيَّ ثُمَّ إِلَيَّ مَرْجِعُكُمْ

فَأُنَبِّئُكُمْ بِمَا كُنْتُمْ تَعْمَلُونَ [لقمان:14-15] إن الالتزام بهذا الأصل الاجتماعي بر الوالدين فرض يؤدي إلى رضوان الله والفوز بجناته، أما عقوق الوالدين فهو من أكبر الكبار الذي يُعجل الله لصاحبها العقوبة في الدنيا قبل يوم الحساب.

أداء الأمانة

فقد أمر القرآن المؤمنين برعاية الأمانة مع العباد ورد الودائع والعواري وغيرها من الحقوق لأصحابها، حيث يقول تعالى: إِنَّ اللَّهَ يَأْمُرُكُمْ أَنْ تُؤَدُّوا الْأَمَانَاتِ إِلَى أَهْلِهَا [النساء:58] وقد وعد الله المؤمنين الملتزمين بأداء الأمانة كأصل اجتماعي بدخول الجنة حيث يقول تعالى: وَالَّذِينَ هُمْ لِأَمَانَاتِهِمْ وَعَهْدِهِمْ رَاعُونَ أُولَئِكَ فِي جَنَّاتٍ مُكْرَمُونَ [المعارج:32-35] والأمانة والعهد يجمع كل ما يحمله الإنسان من أمر دينه ودنياه قولاً وفعلاً، وهذا يعم معاشره الناس والمواعيد وغير ذلك، وغاية ذلك حفظه والقيام به والأمانة هي أعم من العهد فكل عهد أمانة فيما تقدم فيه قول أو فعل أو معتقد (القرطبي: 1995، جـ107/12). وقد ركز القرآن والسنة على ترسيخ أداء الأمانة بين الإمام والرعية، ولهذا فقد اعتبر الإسلام أن غش الإمام والمتعلم لرعيته من الكبائر الموجبة للعذاب الأليم لقوله تعالى: إِنَّمَا السَّبِيلُ عَلَى الَّذِينَ يَظْلِمُونَ النَّاسَ وَيَبْغُونَ فِي الْأَرْضِ بِغَيْرِ الْحَقِّ أُولَئِكَ لَهُمْ عَذَابٌ أَلِيمٌ [الشورى:42].

وقد نهى سبحانه المؤمنين عن خيانة الأمانة لقوله تعالى: يَا أَيُّهَا الَّذِينَ آمَنُوا لَا تَخُونُوا اللَّهَ وَالرَّسُولَ وَتَخُونُوا أَمَانَاتِكُمْ وَأَنْتُمْ تَعْلَمُونَ [الأنفال:27] وإذا ما اتصف المسلم بهذا الأصل الاجتماعي أداء الأمانة وحفظها ورعايتها، فإنها

تشعره بالطمأنينة، فالله تعالى عنه راضٍ، والمسلمون يحترمونه ويحبونه، فهو الأمين الصادق، وبذلك تشيع في المجتمع الإسلامي قيم الود والتعاون والتراحم، فتتقدم حياته، ويزداد التماسك الاجتماعي، مما ينعكس على المجتمع قوة ومنعة وقدرة على مواجهة التحديات.

الوفاء

وهو أصل اجتماعي يندرج تحته مجموعة من الأصول الاجتماعية الجزئية:

كالوفاء بالعهود: وأولى العهد الوفاء بعهد الله لقوله تعالى: الَّذِينَ يُوفُونَ بِعَهْدِ اللَّهِ وَلَا يَنْقُضُونَ الْمِيثَاقَ [الرعد:20] والوفاء بالعهود مع غير المسلمين، ويدوم هنا الوفاء ما لم ينقضوها أو يعاونوا العدو على المسلمين، والوفاء بالوعد: قال تعالى: ﭽ ﭞ يَا أَيُّهَا النَّاسُ إِنَّ وَعْدَ اللَّهِ حَقٌّ فَلَا تَغُرَّنَّكُمُ الْحَيَاةُ الدُّنْيَا وَلَا يَغُرَّنَّكُمْ بِاللَّهِ الْغَرُورُ [فاطر:5]. والوفاء بالوعد من الأصول الاجتماعية التي تؤدي بالمسلم إلى احترام أخيه المسلم واحترام الوقت، والامتثال لما أمر الله له والوفاء بالميعاد لقوله تعالى: إِنَّ اللَّهَ لَا يُخْلِفُ الْمِيعَادَ [الرعد:31]. والوفاء بالعقود لقوله تعالى: الَّذِينَ آمَنُوا أَوْفُوا بِالْعُقُودِ [المائدة:1] كالصدق في المعاملات والوفاء بالكيل:) وَأَوْفُوا الْكَيْلَ إِذَا كِلْتُمْ [الإسراء:35]. ولا شك أن التزام المسلمين بهذا الأصل الاجتماعي الوفاء يعمل على بث الطمأنينة والسكينة والثقة في معاملاتهم، وفيما بينهم وتساعد بشكل قوي في اجتثاث رذائل الغش، والغبن والتخادع، وفي ترسيخ قيم التعاون والمحبة والمودة والتألف بين جماعة المسلمين.

العدل والقسط

وهو ضرورة إنسانية، مقتضية عقلاً، مفروضة شرعاً، يقول سبحانه وتعالى: اعْدِلُوا هُوَ أَقْرَبُ لِلتَّقْوَى [المائدة:8] والعدل قاعدة إسلامية أرادها الله سبحانه وهو العادل وطبق المسلمين العدل في جميع سلوكياتهم، وفي الحكمة، والشهادة والزواج، والإصلاح بين المؤمنين، وفي كل تصرفاتهم، والعدل أساس الملك وسر بقائه واستمراره، فالمسلم يحكم بالعدل أياً كان موقعه، ولو كان على نفسه غير متأثر بقرابة أو مصلحة، أو مراعاة لغني أو شفقة على فقير، وأن في التزام المسلمين بأصل العدل ما يعزز قيم النظام، ويحفظ حقوق الناس المادية، والمعنوية، ويحد من الفوضى والظلم، فيشعر المسلم بالراحة والطمأنينة في مجتمعه الإسلامي.

الصدقة

رَغَّب سبحانه في إخراج المال وإنفاقه في سبيل الله يقول سبحانه: قُلْ لِعِبَادِيَ الَّذِينَ آمَنُوا يُقِيمُوا الصَّلَاةَ وَيُنْفِقُوا مِمَّا رَزَقْنَاهُمْ سِرًّا وَعَلَانِيَةً [إبراهيم:31] ووعد الله المتصدقين أن يضاعف لهم الحسنة بعشر أمثالها إلى سبعمائة مثل، إلى ما شاء الله تعالى، و الله سبحانه يأمر المتصدقين بالإخلاص في إنفاقهم، ولا يقصدون إلا وجه الله، ولا يعقبون إنفاقهم بالمن والأذى على الذين أحسنوا إليهم، فإن المن والأذى يحبط أجر الصدقات، فيقول سبحانه وهو يرشد المتصدقين: يَا أَيُّهَا الَّذِينَ آمَنُوا لَا تُبْطِلُوا صَدَقَاتِكُمْ بِالْمَنِّ وَالْأَذَى [البقرة:264] ففي الصدقة ما يربي نفس المسلم على قيم الكرم والسخاء والإيثار والرحمة والرفق واللين، واجتثاث قيم الشح والأنانية.

الصبر

وذلك لأن المهمة الأولى للمسلم هي الدعوة إلى الله بما يستلزمه من صبر وثبات وتضحية، وجاء الأمر القرآني بالالتزام بقيمة الصبر وتعظيمها وجعلها من عزم الأمور، وفي ذلك يقول سبحانه على لسان لقمان عليه السلام: وَاصْبِرْ عَلَى مَا أَصَابَكَ إِنَّ ذَلِكَ مِنْ عَزْمِ الْأُمُورِ [لقمان:17]. ثم رتب على ذلك الأصل، وعد الصابرين بالجنة حيث الأجر بغير حساب، ولهذا الأصل الاجتماعي صور شتى منها: الصبر على طاعة الله وأداء العبادات والتقيد بشرع الله تعالى، والصبر عن معاصي الله ومحرماته، ومقاومة هوى النفس والشهوات، والصبر على أقدار الله المؤلمة والبلاء والفتن والمصائب، والصبر على قول الحق والثبات على المبدأ والالتزام به.

والصبر والثبات في ساحة القتال وإن أصل الصبر بشتى صوره ما هو إلا انعكاس تربوي ينبعث عن مدى سعي المسلم إلى رضوان الله ونشدان جناته تعالى. وللصبر آثار تربوية تتمثل بتهذيب وتربية النفس، ويجعل الصابر قدوة لغيره، وتحقيق التماسك الاجتماعي، وهو من أدوات الدعوة (رجب، 1998).

الإحسان

وهي تعني أن يعبد المؤمن ربه العبادة بمفهومها الشامل، على وجه المراقبة له تعالى واستحضار قربه، فقد أجاب الرسول الكريم عن سؤال جبريل عليه السلام عن الإحسان، قال:أن تعبد الله كأنك تراه، فإن لم تراه، فإنه يراك..." (مسلم، 1999، 33). وقد أمر سبحانه المسلمين بقيمة الإحسان في غير موضع في القرآن، وقيمة الإحسان قد تكون واجبة كالإحسان إلى الوالدين يقول سبحانه وتعالى: إِنَّ اللَّهَ يَأْمُرُ بِالْعَدْلِ وَالْإِحْسَانِ [النحل:90] وقوله تعالى: أَلَّا تُشْرِكُوا بِهِ شَيْئًا

وَبِالْوَالِدَيْنِ إِحْسَانًا [الأنعام:151]، وقد يكون الإحسان مندوباً كصدقات التطوع. وإن أهم أثر تربوي لأصل الإحسان يتمثل في قدرته على دفع المؤمن إلى التفاني في عمل الخيرات، والاجتهاد في التقرب إلى الله تعالى، والاستحياء منه تعالى عند اقتراف السيئات في السر والعلن، ويدفع المسلم إلى محبة أخيه المسلم والتودد إليه والتعاون معه في السراء والضراء.

النصيحة

وتعني تقديم الإرشاد للآخرين إلى مصالحهم وإرادة الخير لهم، بدافع من قيمة الأخوة والإيمان والمحبة، وهي أصل اجتماعي واجب على كل مسلم بأن ينصح إخوانه المسلمين وأن يقبل النصح، ومن وجوه النصيحة الدعوة إلى الله وإبلاغ الرسالة التي هي مهمة أنبياء الله ورسله وأقوامهم من بعدهم. وتكون النصيحة لله تعالى ولرسوله الكريم وللمسلمين عامة، يقول سبحانه: لَيْسَ عَلَى الضُّعَفَاءِ وَلَا عَلَى الْمَرْضَى وَلَا عَلَى الَّذِينَ لَا يَجِدُونَ مَا يُنْفِقُونَ حَرَجٌ إِذَا نَصَحُوا لِلَّهِ وَرَسُولِهِ [التوبة:91]. ويروي مسلم عن تميم الداري رضي الله عنه أن النبي صلى الله عليه وسلم قال: "الدين النصيحة قلنا لمن؟ قال: لله ولكتابه ولرسوله ولأئمة المسلمين وعامتهم" (مسلم 1999، 55) والنصيحة لله تعني تنزيه الله عن كل ما لا يليق عظمته وعزة مقامه، وإثبات صفات الكمال التي أثبتها لنفسه، والنصيحة لكتاب الله بالإيمان بأنه كلام الله تعالى وتنزيهه ولا يشبه شيئاً من كلام الخلق وتعظيمه وتلاوته حق تلاوته، أما النصيحة للرسول فتكون بالإيمان بنبوته والتمسك بسنته بإحيائها، والعناية بها، والنصيحة لعامة المسلمين فيكون في الإخلاص في إرشاد الناس نحو الحق والخير وكل ما فيه خيرهم في ديناهم وآخرتهم ومحبة الخير لهم، والنصيحة لها أثرها التربوية من خلال التودد والتراحم والتماسك الاجتماعي بين أفراد المجتمع المسلم.

الإنفاق

أوجب الله في القرآن الحكيم الاعتدال في الإنفاق في مرتبة ما بين التقتير والتبذير، بقوله سبحانه: ﴿وَلَا تَجْعَلْ يَدَكَ مَغْلُولَةً إِلَى عُنُقِكَ وَلَا تَبْسُطْهَا كُلَّ الْبَسْطِ فَتَقْعُدَ مَلُومًا مَحْسُورًا﴾ [الإسراء:29] وقد تناول الكتاب الكريم الإنفاق كأصل اجتماعي وإنه يعمق الصلة بين المؤمنين بالقرابة أو الزوجية، فأوجب نفقة الفقراء على الموسرين من الأقارب وأولي الأرحام بما يكفل التضامن بين الأقارب وأولي الأرحام، فالإنفاق هو حق الفقير في مال الغني، وأوجب سبحانه وتعالى نفقة الزوجة على الزوج، وإن سيادة هذا الأصل الاجتماعي الإنفاق كما حدده الإسلام في المجتمع الإسلامي، كفيل بتأمين الحاجات الضرورية للفرد وتأمين الحياة الكريمة لأبناء المجتمع، وتحقيق التوازن بين فئاته، والمساهمة في رفع شأنه والمحافظة عليه قوياً، بحيث تتوافر فيه أسباب المنعة والعزة وله أثر تربوي من خلال تعميق الصلة بين الأفراد المسلمين والود والرحمة والعطف، مما يؤدي إلى مجتمع متراحم كالجسد الواحد.

رعاية اليتيم والمحتاج

وتكون بالقيام بظروف اليتيم والسعي في مصالحه، وتنمية ماله إذا كان له مال أنفق عليه على سبيل الصدقة ويقول سبحانه وتعالى: ﴿وَلَا تَقْرَبُوا مَالَ الْيَتِيمِ إِلَّا بِالَّتِي هِيَ أَحْسَنُ حَتَّى يَبْلُغَ أَشُدَّهُ﴾ [الأنعام:152]: ﴿وَيَسْأَلُونَكَ عَنِ الْيَتَامَى قُلْ إِصْلَاحٌ لَهُمْ خَيْرٌ﴾ [البقرة:220] أن شيوع هذا الأصل الاجتماعي من رعاية اليتيم والمحتاج وتقديم المساعدة لهم بين جماعة المسلمين، ما يساعد على اجتثاث العوز والحرمان وتطهير قلوب المحتاجين من الحقد والضغينة على الأغنياء، كما ويساهم شيوع هذا الأصل الاجتماعي في معالجة مشكلات الفقر ويحد من انتشار الجريمة في المجتمع،

ويؤدي إلى أثر اجتماعي من خلال العلاقات الطيبة بين أفراد المجتمع ويؤدي إلى التكاتف والتعاون بين أفراد المجتمع ككل.

المساواة

لقد اهتم الإسلام بترسيخ هـذا الأصل الاجتماعي، المسـاواة في المجتمع الإسلامي وبين أفراده، مجتمع التعدد الديني، وحـارب كـل أشـكال التعصب الـديني أو الطـائفي، وكل صور التمييز العنصري، فقد صُهر الناس جميعاً مـن مشـارق المعمورة ومغـاربها في بوتقة أخوة الإيمان على قاعدة القرآن لقوله تعالى: إِنَّمَا الْمُؤْمِنُونَ إِخْوَةٌ [الحجـرات:10] ولم يجعل القرآن والسنة معيار المفاضلة بين البشر مبني عـلى أسـاس عـرق أو طائفـة أو عنصر أو جنس بشري أو إقليم الخ، وإنما جعله مبنياً على أساس التقوى وتكون المسـاواة من خلال جوانب عدة كالمسـاواة الإنسانية مـن حيـث خلـق المـرأة والرجل مـن نفس واحدة، والمساواة بين الرجل والمرأة في التكليف الإلهي، فـالفرد في المجتمـع الإسلامي لـه كيانه الذي يضاهي به غيره مـن الأفراد، فليس في المجتمع الإسلامي مـن يعيش على السطح، ومن يعيش بين القشور، وفي النظرة القرآنية أساس تكريس نظام تكافؤ الفرص وله أثر تربوي من حيث إنه يؤدي إلى قيام كل واحـد بواجبه عـلى أكـل وجـه، والجـزاء الوفير حسب العمل الذي ينجزه.

الشورى

وهي تبادل الآراء والأفكار ووجهات النظر بين المسلمين وبين الحاكم والرعية، كما يقوم على أساس الاسترشاد بمعرفة أصحاب الاختصاص، ولهذا كان هذا الأصل الاجتماعي عامل مهم في احترام الناس وتقديرهم لبعضهم البعـض، واحـترام الحـاكم للرعية يـدفع الرعية إلى الالتزام بتطبيق القرارات التي ساهمت في وضعها، وتحمـل مسؤولية نتائجها وقد كان هذا الأصل متجذراً في القرآن من خلال

آياته لقوله تعالى: فَإِذَا عَزَمْتَ فَتَوَكَّلْ عَلَى اللَّهِ [آل عمران:159] وأصل الشورى يقارب قيمة التخطيط على اعتبار أنهما يسعيان إلى النجاح والسداد في اتخاذ الأمور، وعندما لا يكون هناك شورى في أي مجتمع يؤدي إلى فشل دعائم هذا المجتمع وأنظمته، بل وإن القرارات التي تستند إلى الشورى تؤدي إلى تكاتف وتعاون الأفراد حول النظام ويؤدي إلى إطلاق العنان لأصحاب العقول بالتفكر مما ينتج عنه روح العمل الشعبي مما يجعل قدرات الشعوب الإسلامية وعزائمها كبيرة.

العزة

هي قناعة نفسية، إذا تركزت ورسخت في النفوس، لم يشعر معها المرء بفقر، ولا خوف ولا ذلة، فأرادها الله للمؤمنين وجعلها سمة لهم وطابع خاص للمؤمنين، وتكون عزة ربانية، وعزة شيطانية، والعزة الربانية هي العزة الناشئة عن الإيمان بالله رب العزة ومالكها، والثقة بما عنده، والركون إلى جناية العزيز، وهذه هي العزة الحقة، ولكن العزة الشيطانية التي تنتج من خلال الغرور، والكبر، واتباع الهوى، هي عزة وهمية باطلة ترمي بالمسلم إلى مهاوي الرذيلة والظلم والإثم، والمسلم مبتعد عنها، فالمؤمن الصادق. لا يعتز إلا بالله، ولا يلتمس العزة الآمنة، لأنه المعز وحده سبحانه لقوله تعالى: وَلِلَّهِ الْعِزَّةُ وَلِرَسُولِهِ وَلِلْمُؤْمِنِينَ وَلَكِنَّ الْمُنَافِقِينَ لَا يَعْلَمُونَ [المنافقون:8].

الإيخاء

المسلم بحكم إيمانه لا يحب إلا في الله، ولا يبغض إذا أبغض إلا في الله تعالى، فالتعاليم الإسلامية تقوم على التضامن واجتماع الكلمة، وتمهد لبناء مجتمع متكامل تسوده المحبة، ويمتد به الأمان على وجه الأرض، لذلك كان التعارف والتآخي

أساس العلاقات بين البشر فجاء القرآن والسنة لسد أي نزاع وتخفيف أي مُشدات بين المسلم وأخيه، وإنما السعي قُدماً إلى الحكمة المنشودة من خلق الناس، واستخلافهم في عمار الأرض، وكان واجب على المسلمين حملة رسالة الإسلام، أن يستشعروا جلال العقيدة التي شرح الله بها صدورهم، وجمع عليها أمرهم، ليتخذوا من هذا الأصل الاجتماعي "الأخوة" مبدأ يدعم المسلم، ويدعو إلى التعايش في ظل رخاء وسلام حقيقيين ويتجلى ذلك من خلال قوله تعالى: إِنَّمَا الْمُؤْمِنُونَ إِخْوَةٌ فَأَصْلِحُوا بَيْنَ أَخَوَيْكُمْ وَاتَّقُوا اللَّهَ لَعَلَّكُمْ تُرْحَمُونَ [الحجرات:10].

حفظ السر

كتمان السر وحفظه هو أصل اجتماعي تربوي متميز رفيع ذو أبعاد أخلاقية اجتماعية كثيرة، وهو أحد السُبل الذي يتحقق بها مقاصد الشريعة في حفظ النفس والمال والعرض، وهو من أفضل الأصول الاجتماعية وأكبر الفضائل، إذ به تُصان الأعراض وتحفظ الأرواح، وتلتئم الجماعات، فرب سر أفشيته جلب شراً مستطيراً، وأحدث فتنة أهلكت خلقاً كثيراً، لهذا كان من الواجب على الإنسان أن يُخفي سره ما استطاع، وإلا عرض نفسه إلى أضرار كثيرة لا قبل له بها، وحينئذ لا يمكنه دفع ما يترتب على ذلك من أخطار، فيعض سبابة المتندم ولا ينفعه الندم بعد ما انقضى الأمر، وله أثر تربوي من خلال أنه يؤدي إلى تكاتف المجتمعات ويجعل كلمتها كلمة واحدة لقوله تعالى: وَأَوْفُوا بِالْعَهْدِ إِنَّ الْعَهْدَ كَانَ مَسْئُولًا [الإسراء:34].

الرجاء والأمل بالمغفرة والرحمة

ويتمثل هذا الأصل الاجتماعي بأن يرجو العبد ربه بالمغفرة والرحمة ويعمل بما يقتضيه الإيمان الحقيقي من التزام بقيم الوحي وتعاليمه من تقوى واستقامة، وعمل الصالحات واجتناب المنهيات والالتزام بالطاعات، والتخلق

بالأخلاق الفاضلة فعندها يستحق المؤمن رجاء العفو والرحمة ودخول الجنة. ويقول تعالى: قُلْ يَا عِبَادِيَ الَّذِينَ أَسْرَفُوا عَلَى أَنْفُسِهِمْ لَا تَقْنَطُوا مِنْ رَحْمَةِ اللَّهِ إِنَّ اللَّهَ يَغْفِرُ الذُّنُوبَ جَمِيعًا إِنَّهُ هُوَ الْغَفُورُ الرَّحِيمُ [الزمر:53] ويروي مسلم عن رسول الله صلى الله عليه وسلم: "لا يموتن أحدكم إلا وهو يحسن الظن بالله" (مسلم: 55، 1999) وهو خُلق كريم به تنشرح النفس، ويتسع مجال العمل، ويقوم الإنسان بما عليه من واجبات الحياة طبقاً للقوانين الشرعية، فلا يصيبه فيما ملك ولا تعتوره منها كآبة، فما أصابه من خير شكر فكان خيراً له، وما مسه من شر صبر وكان خيراً له.

الزواج

هذا الأصل الاجتماعي الذي رغب به الباري عز وجل للقادر على واجباته، وعلى نفقته وهو عقد من إيجاب وقبول، وهو أصل اجتماعي فطري خاص فهو السبيل لتكوين الأسرة، وجبلت النفس الإنسانية عليها منذ آدم عليه السلام. ولهذا نجد أن الإنسان يسعى للنكاح مهما كان معتقده، وفي أي زمان ومكان، وجاء الإسلام يرغب بالنكاح ويشرع أحكامه بما يحفظ ضرورة النسل، والزواج له أثر تربوي من خلال أنه يساعد المؤمن على الالتزام بالعفة، كما إن فيه ما يؤدي إلى سكون النفس وطمأنينتها، وحصول المودة والرحمة والرأفة، وترسيخ لوحدة المجتمع الإسلامي، وما يؤدي إلى حصول التكاثر والتناسل التي يكون به عمارة الأرض لقوله تعالى: وَمِنْ آيَاتِهِ أَنْ خَلَقَ لَكُمْ مِنْ أَنْفُسِكُمْ أَزْوَاجًا لِتَسْكُنُوا إِلَيْهَا وَجَعَلَ بَيْنَكُمْ مَوَدَّةً وَرَحْمَةً إِنَّ فِي ذَلِكَ لَآيَاتٍ لِقَوْمٍ يَتَفَكَّرُونَ [الروم:21].

ولها أثر تربوي عميق من خلال تنظيم غريزة الجنس، وللعلاقة بين الرجل والمرأة بما يسمو بالإنسان عن مرتبة الحيوان، وفي الزواج تكثير الأمة لتكون دوماً

قوية منيعة، وفيه تقارب للأسر والأفراد مما يؤدي إلى التضامن والتآلف بين أفراد المجتمع.

العمل والإنتاج

هو أصل اجتماعي سامٍ أمر به القرآن تحقيقاً لمجتمع النشاط والإنتاج، والمجتمع الذي يحقق معنى الخلافة وإعمار الكون، وجاء في كثير من آيات القرآن اقتران تسخير الله بكل ما في الكون للإنسان، مع التأكيد على وجوب العمل والإنتاج، وقد بينت السنة النبوية أسس العمل والإنتاج وشجع الرسول صلى الله عليه وسلم على الأعمال الإنتاجية من زراعة وصناعة وصيد وغيرها، كما بينت السنة حقوق العامل وواجباته، وعلو قدر هذا الأصل الاجتماعي مهما صغر شأنه، وأنماط قيم البطالة والتواكل على الآخرين. وقد حث القرآن والسنة على معرفة علوم الكون وصنائع العالم وحث على الانتفاع بكل ما يقع تحت نظرنا في هذا الوجود لقوله سبحانه: **قُلِ انْظُرُوا مَاذَا فِي السَّمَاوَاتِ وَالْأَرْضِ** [يونس:101]. ولما كان الإسلام يسعى لتعزيز وترسيخ قيم العزة والألفة، فكان لا بد أن يحث المسلمين على هذا الأصل الاجتماعي الذي يغنيهم عن الحاجة وذل السؤال والاستكانة وسقوط المروءة وامتهان النفس، فالعمل هو ضرورة من ضروريات الحياة بدونه لا تنتظم الحياة ولا تستمر، ويوفر للأمة كرامتها، ويحفظ هيبتها.

رعاية الفقراء

إن وجود الفقر بين الناس ليست أمراً غريباً، ولا يمكن رفعه البتة بتسوية الناس في الأرزاق، لحكمةٍ أرادها الله، وإنما فقط يمكن التخفيف منه، ومعالجة بعض صوره لتحصيل الكفاف للفقراء، وتقريب الشقة بينهم وبين الأغنياء، وقد كلف الله من وهبهم بعرض الدنيا من الأغنياء بالمساهمة في هذا التخفيف، فأخبرهم أن في تلك الأموال التي خولهم إياها حقوقاً للفقراء والمساكين، منها ما هو معلوم مقدر،

كالزكاة، ومنها ما هو مطلق عن التحديد والتقدير كالصدقات التطوعية، كما كلف الدولة بالتدخل عند الضرورة لحماية ذوي الحاجات من المجاعة، وذلك بفرض إعانات على الأغنياء لصالح الفقراء تطبيقاً لمبدأ إذا جاع الناس فلا مل لأحد، وجاء الأثر التربوي لهذا الأصل الاجتماعي في أنه يجعل الأفراد المسلمين كالجسد الواحد، متلاحمين متعاطفين، متعاونين، لقوله تعالى: ﴿إِنْ تُبْدُوا الصَّدَقَاتِ فَنِعِمَّا هِيَ وَإِنْ تُخْفُوهَا وَتُؤْتُوهَا الْفُقَرَاءَ فَهُوَ خَيْرٌ لَكُمْ وَيُكَفِّرُ عَنْكُمْ مِنْ سَيِّئَاتِكُمْ وَاللَّهُ بِمَا تَعْمَلُونَ خَبِيرٌ﴾ [البقرة:271].

الدعوة إلى الإسلام

حمل الدعوة الإسلامية واجب على كل مسلم ومسلمة في حدود عمله ومعرفته واستطاعته إلا أن مسؤولية العالم أعظم من مسؤولية غيره كيف لا وهم ورثة الأنبياء؟ وقد قام الرسول الكريم بمهمة تبليغ الإسلام ونشط وسلك في سبيل ذلك وسائل وأساليب متنوعة، فالدعوة إلى الإسلام أصل اجتماعي قرآني واجب على كل مسلم ومسلمة بقدر علمه وقدرته، ومن أهم الانعكاسات التربوية للدعوة إلى الإسلام أنها تعلم المسلم الداعي إلى الله تعالى تحمل المصاعب والمشاق والأذى والتعذيب والصبر على المقاومة والاتهامات الباطلة، والمزاعم والافتراءات الزائفة، كما وتعلم المسلم الثبات على المبدأ أو التمسك به والحلم والتواضع. لقوله تعالى: ﴿ادْعُ إِلَى سَبِيلِ رَبِّكَ بِالْحِكْمَةِ وَالْمَوْعِظَةِ الْحَسَنَةِ وَجَادِلْهُمْ بِالَّتِي هِيَ أَحْسَنُ إِنَّ رَبَّكَ هُوَ أَعْلَمُ بِمَنْ ضَلَّ عَنْ سَبِيلِهِ وَهُوَ أَعْلَمُ بِالْمُهْتَدِينَ﴾ [النحل:125].

الدعوى إلى العلم وطلبه

إن هذا الأصل الاجتماعي طلب العلم المتمثل في المداومة على طلب المزيد منه لقوله تعالى: وَقُلْ رَبِّ زِدْنِي عِلْمًا [طه:114] وبالعلم يتوصل الإنسان إلى الإيمان الحقيقي بوجوب وجود الله ويكون المسلم المتعلم أكثر خشية لله تعالى، وذلك أن خشية المؤمن ذي الإيمان الحقيقي لا تتساوى مع خشية وتقوى المؤمن ذي الإيمان التقليدي فكان العلماء المؤمنون هم المكرمين عند الله تعالى لشدة تقواهم وتحملهم المتاعب لأجل نيل رضا الله تعالى من خلال تحصيلهم للعلم، فرفعهم تعالى درجات عن غيرهم، كيف لا وهم ورثة الأنبياء فمكانة العلم والمعرفة وأصحابها متميزة ومتجذرة في القرآن، وما أحوجنا اليوم إلى وسط اجتماعي يحتفي بالعلم والمعرفة علهم يحققون ما ينشدون، مع أن الإسلام قد أكد وجوب طلب العلم والمعرفة والمعلم الأول للمسلمين هو رسولنا العظيم فواجب الاقتداء به، وجعله الله تعالى فرضاً على كل مسلم ليبني الفرد خلفية معرفية معلوماتية عملية، كما إن لطلب العلم أثراً تربوياً يتمثل في نشر العلم بين صفوف الأفراد المسلمين وتوصيله إلى الجماعات، وكتمانه انتشاراً لقيم الجهل والأخلاق المذمومة والجرائم الشنيعة وضعف النشاط العلمي والحد من التطور الإنساني في تسخير الكون وعمارة الأرض.

حسن الجوار

قد أوى الله تعالى المسلمين بحسن الجوار والمحافظة على سمعة ومعاملة الجار لقوله تعالى: وَاعْبُدُوا اللهَ وَلَا تُشْرِكُوا بِهِ شَيْئًا وَبِالْوَالِدَيْنِ إِحْسَانًا وَبِذِي الْقُرْبَى وَالْيَتَامَى وَالْمَسَاكِينِ وَالْجَارِ ذِي الْقُرْبَى وَالْجَارِ الْجُنُبِ وَالصَّاحِبِ بِالْجَنْبِ [النساء:36]. وقد توعد الرسول الكريم صلى الله عليه وسلم الذي يسيء إلى جاره بحرمانه من

الوصول إلى غايته الأسمى، وهي تنظيم العلاقات الاجتماعية على طريق مستقيم يقول رسول اللـه صلى اللـه عليه وسلم: "لا يدخل الجنة من لا يأمن جاره بوائقه" (مسلم: 51، 1999) وفي التزام المسلم بهذا الأصل الاجتماعي فإنه يهيء لإخوانه المسلمين أسباب الراحة والطمأنينة والسعادة، وتجاوز أسباب الخلاف.

التعاون

خلق اللـه سبحانه وتعالى الإنسان اجتماعياً بطبيعته، لا يمكنه القيام بأعباء هـذه الحياة منفرداً، ولا الحصول على لوازمه وحده، بل لا بد له من مشاركة غيره، ولهذا كـان الاتحاد والتعاون من أكبر لوازم الحياة لتذليل صعابها، والتغلب على مشاقها وإن ما نشاهده من إنجاز الأعمال والفوز بثمرة نتائجها بجماعة المتعاونين، وما نراه مـن خذلان الفرد الشاذ في جميع أحواله لأكبر دليل واضح على عظم فوائد الاتحاد والتعاون، فكيـف بعد هـذا لا يتضافر المـرء مع أخيه ويتعاونان معاً في كل أمورهما حتى تتضاعف جهـودهما فيصلا إلى مأربهما، ثم هـو يعلم إن التعاون يـؤدي إلى تنظيم العلاقات الاجتماعية بين المسلمين لقوله تعالى: وَتَعَاوَنُوا عَلَى الْبِرِّ وَالتَّقْوَى وَلَا تَعَاوَنُوا عَلَى الْإِثْمِ وَالْعُدْوَانِ وَاتَّقُوا اللَّهَ إِنَّ اللَّهَ شَدِيدُ الْعِقَابِ [المائدة:2].

الاستئذان

الأمر بطلب الاذن بالدخول ثابـت ومتجـذر في القرآن الكـريم، وبينـت الآيات أن أحكام الاستئذان خاصـة بالبـالغين مـن الرجال والنساء، ثـم أمر سبحانه بـأن يستأذن الأطفال الذين لم يبلغوا مبلغ الرجال في ثلاث أوقات وهي: في الليل وقت النـوم، ووقت الظهيرة حين تخلع الثياب للقيلولة، ووقت الاستعداد للنوم من بعد صلاة العشاء، فعلى المؤمنين أن يعلموا عبيدهم وصبيانهم الاستئذان في الدخول في هذه الأوقات الثلاثة وفي التزام المسلم بقيمة الاستئذان ما يظهر نفسه ويسمو بها عن الهـون والابتـذال، فيحفظ نظره ويزكي قلبه، ويبتعد عن مواقف الحرج والفجور،

فتصان استقلالية الفرد، ويحفظ سره، وله أثـر تربـوي مـن خـلال صيانة حرمـات المسلمين والمحافظة على شرفهـم وعرضـهم، واسـتئذان البـالغ فتجـذر في القـرآن الكـريم لقوله تعالى: وَإِذَا بَلَغَ الْأَطْفَالُ مِنْكُمُ الْحُلُمَ فَلْيَسْتَأْذِنُوا كَمَا اسْتَأْذَنَ الَّذِينَ مِنْ قَبْلِهِمْ كَذَلِكَ يُبَيِّنُ اللَّهُ لَكُمْ آيَاتِهِ وَاللَّهُ عَلِيمٌ حَكِيمٌ [النور:59].

التسامح

قد عمل القرآن الكريم على ترسيخ أصل التسـامح الاجتماعـي كالتسـامح الفكـري وذلك في وصول العقيدة الإسلامية لكل فرد وإنسان، وكذلك التسـامح الإسـلامي مـع غـير المسلمين في المجتمع الإسلامي ففيها صور شتى أبرزها في دعوتهم إلى الإسلام بالتـالي هـي أحسن دون إكراه وجاء الإسلام ونهى عن التمييز العنصري وذمه، ومن صور التسامح كما عرضها القرآن الكريم التسامح في المعاملات وفي الدين لقوله تعـالى: وَإِنْ كَانَ ذُو عُسْرَةٍ فَنَظِرَةٌ إِلَى مَيْسَرَةٍ وَأَنْ تَصَدَّقُوا خَيْرٌ لَكُمْ إِنْ كُنْتُمْ تَعْلَمُونَ [البقـرة:280]. إن الانعكـاس التربوي لأصل التسامح يتمثل في دفـع المـرء إلى محبـة الخـير للآخـرين، وجعـل المجتمـع موحداً خالياً من أسباب التفرقة متراحماً متعاطفاً، كما ويعمل عـلى اسـتقرار قـيم الأمـن والطمأنينة وسلامة المجتمع.

التحية وإفشاء السلام

إن لهذا الأصل الاجتماعي أثراً كبيراً في إشاعة جو المحبة والألفة بين المسلمين حيث يقول سبحانه مرشداً المسلمين إلى قيمة إفشاء السلام لقوله تعالى: وَإِذَا حُيِّيتُمْ بِتَحِيَّةٍ فَحَيُّوا بِأَحْسَنَ مِنْهَا أَوْ رُدُّوهَا إِنَّ اللَّهَ كَانَ عَلَى كُلِّ شَيْءٍ حَسِيبًا [النساء:86]. فهذا أمر للمسلم بأنه إذا سلم عليك مسلم فأجبه بأحسن مما سلم،

فإذا قال السلام عليكم فيزيد الراد ورحمة الله فجاء القرآن يأمرنا بالسلام، فإن السلام من أسماءه تعالى، وفيه دعاء للمسلم بالحفظ والمعونة والسلامة والأمان وطول الحياة الرغيدة، عن عبد الله بن عمرو أن رجلاً سأل النبي صلى الله عليه وسلم أي الإسلام خير؟ قال "تطعم الطعام، وتقرأ السلام على من عرفت ومن لم تعرف" (البخاري: 1991-4، 166).

وإفشاء السلام، يحقق الألفة والطمأنينة بين أفراد المجتمع، ويعضد عوامل وحدته وتماسكه وهذا أثر تربوي اجتماعي متجذر.

الصداقة والصحبة

ولأن المرء على دن خليله، فقد اهتم الإسلام بهذا الأصل الاجتماعي الصداقة وأوصى المسلم باختيار أصدقائه من ذوي الأخلاق الحسنة، فإن الصديق السيء لا بد وأن يؤثر في سلوك خليله يقول سبحانه: يَا وَيْلَتَى لَيْتَنِي لَمْ أَتَّخِذْ فُلَانًا خَلِيلًا [الفرقان:28] وقد أثبت القرآن الكريم قيمة الصحبة لرسول الله عليه السلام لقوله تعالى: إِذْ يَقُولُ لِصَاحِبِهِ لَا تَحْزَنْ إِنَّ اللَّهَ مَعَنَا [التوبة:40] رؤى البخاري عن عائشة رضي الله عنها قالت: سمعت رسول الله صلى الله عليه وسلم يقول: "الأرواح جنود مجندة، فما تعارف منها ائتلف، وما تناكر منها اختلف" (البخاري: 1991-446) والصداقة والصحبة لها أثر تربوي من خلال بث روح التعاون والود بين المسلمين.

الاحترام والتقدير

احترام المسلم لأخيه المسلم واجب ديني، وأصلاً شرعي اجتماعي إذ الأصل أن المسلم محترم ما دام يوفر لنفسه الاحترام، وهذا ما يتضح لنا في كتاب الله في غير آية، ولذا فإن من يتعدى حدود الله يستحق أن يُسلب منه الأصل الاجتماعي

الاحترام، وأن يذاق عذاب الجلد دون رأفة وإمام المسلمين جزاء وفاقا هذا في الدنيا، أما يوم الحساب فقد بين سبحانه وتعالى أن التوبة النصوحة هي سبيل تكفير السيئات ودخول الجنة قيمة المسلم الأولى، ومدعاة لاستمرار توفير الاحترام للمؤمن، وعدم الخزي في يوم لا ريب فيه ومن أجل توفير الاحترام للمسلم فقد أمر الله سبحانه للمسلم بأن يحفظ غيبة أخيه ألا يذكره بما يسوءه وألا يناديه إلا بما يحب، ولا يسخر من أخيه، وأن يُحسن الظن به، وغيرها من الضوابط الشرعية التي سعت إلى ترسيخ هذا الأصل الاجتماعي المتبادل بين المسلمين وأن هذا الأصل الاجتماعي الاحترام، والتقدير له أثر تربوي بين المسلمين من خلال عدم سخرية المسلم من أخيه المسلم ويحقق المحبة والتعاون بين المسلمين.

الوقار

فكما أن القرآن العظيم قد وفر الاحترام بين جماعة المسلمين، فقد أسند ذلك بالأصل الاجتماعي الوقار وأمر أن تكون سمة المسلم من كل ما يشوبها، فقد أمر القرآن الكريم المسلم بالاطمئنان في مشيه في غير موضع، يقول سبحانه: وَعِبَادُ الرَّحْمَنِ الَّذِينَ يَمْشُونَ عَلَى الْأَرْضِ هَوْنًا [الفرقان:63] حتى أن السنة الشريفة قد بينته أنه لا يجوز للمسبوق بصلاة الجماعة أن يمشي بسرعة طلباً للحاق بالصلاة حماية لوقاره وهيبته، كما رسم القرآن للمرأة المسلمة وقاراً خاصاً تتميز به عن غيرها، ففرض لها قيم الاحتشام والعفة وغض البصر، وعدم الخضوع بالقول، فتحفظ بهذا وقارها ومكانتها كسيدة محترمة في بيتها ومجتمعها، وكذلك فإن في التزام المرأة المسلمة بالأصل الاجتماعي الحياء ما يعزز احترامها، ووقارها، ويقول تعالى: فَجَاءَتْهُ إِحْدَاهُمَا تَمْشِي عَلَى اسْتِحْيَاءٍ قَالَتْ إِنَّ أَبِي يَدْعُوكَ [القصص:25].

التواضع

والتواضع هو الانخراط في مرتبة ما بين الكبر والضعة، وهو أصل إسلامي اجتماعي رفيع أمر الله له رسوله والمؤمنين قائلاً: وَاخْفِضْ جَنَاحَكَ لِمَنِ اتَّبَعَكَ مِنَ الْمُؤْمِنِينَ [الشعراء:215] وهو تجمل النفس بالخضوع، ومنعها عن الترفع على الناس، والاستخفاف بهم، وحملها على احترامهم مهما اختلفت درجاتهم، وتباينت مشاربهم، وعدم التكبر على أحد سواء في ذلك الوضيع والرفيع والصغير والكبير ليحافظ على منزلته في النفوس، ويأخذ مكانته في القلوب، وهو خصلة حميدة لها أثر تربوي تدعو إلى التوادد والتعاون، وتدل على طهارة النفس وسلامة الذوق فكم رفع التواضع أقواماً، ويؤدي التواضع إلى رضا الله سبحانه وتعالى، وقال تعالى: وَاخْفِضْ جَنَاحَكَ لِمَنِ اتَّبَعَكَ مِنَ الْمُؤْمِنِينَ [الشعراء:215].

ترك الفضول

إذا كانت حياة الإنسان محدودة بأجل، وواجبات الإنسان تستغرق حياته كلها، فإن الواجب يحتم عليه أن يستغل كل لحظة من هذه الحياة الدنيا في ما يعود عليه، وعلى غيره بالنفع، ولا يتأتى له هذا إلا إذا قام بواجبه في عمله على أكمل وجه، وصرف أوقاته في طاعة الله وعبادته، فإذا حقق هذا، فإنه سيكون قد عمل بما يقتضيه حسن إسلامه، وبهذا سيصل إلى أسمى ما يصل إليه المسلم في عبادته، وهو بلوغ درجة الإحسان التي لا تنال إلا بترك المرء ما لا يعنيه واشتغاله بطلب الرزق الحلال، والتقرب إلى ربه بخالص الأعمال، وبترك هذه الرذيلة، يساهم المسلم في بناء المجتمع الإسلامي الذي يرضاه الله تعالى ويباهي به عباده وقال تعالى: قَدْ أَفْلَحَ الْمُؤْمِنُونَ (1) الَّذِينَ هُمْ فِي صَلَاتِهِمْ خَاشِعُونَ (2) وَالَّذِينَ هُمْ عَنِ اللَّغْوِ مُعْرِضُونَ [المؤمنون:1-3].

ترك الشبهات

بني الإسلام تكاليفه على الأمر والنهي ليخرج المكلفين عن دواعي أهوائهم، ويجعلهم خاضعين لقانون الشرع العادل والعمل بأوامر الله تعالى واجتناب نواهيه ليكون المرء على بينة من الحد الفاصل بين الحلال والحرام، إلا أنه تعرض للمؤمن في بعض الأحيان قضايا لا يتخلص فيها وجه الحلال من الحرام وهي ما يسمى بالشبهات، وهي كما نرى مواطن تحمل بالمسلم أن ينأى بنفسه عن الخوض فيها، احترازاً عن مواقعة الحمي والدخول فيما يؤدي إلى المعاصي، لذلك نجد موقف الإسلام صريحاً ضد الوقوع في الشبهات، وذلك لصيانة كرامة الشخص وحفظ حرمة دينه وعرضه وسائر ما يتعلق بحياته، سواء على مستوى الدار الدنيا أم الآخرة، والنبي عليه السلام أعطانا درساً قيماً وضح لها من خلاله الخطر الذي يكمن في الشبهات، وشبهها النبي عليه السلام بحمى الله في أرضه.

الحزم

وإلى جانب أصل الرأفة واللين الاجتماعي ثمة أصل يرتبط به الحزم والذي غالباً ما ورد في سياق التعامل مع المشتركين في مراجعة الخيانة يقول سبحانه: **وَإِمَّا تَخَافَنَّ مِنْ قَوْمٍ خِيَانَةً فَانْبِذْ إِلَيْهِمْ عَلَى سَوَاءٍ إِنَّ اللهَ لَا يُحِبُّ الْخَائِنِينَ** [الأنفال:58] أما الحزم ضمن المجتمع الإسلامي، كالحزم في تطبيق حدود الله تعالى: **الزَّانِيَةُ وَالزَّانِي فَاجْلِدُوا كُلَّ وَاحِدٍ مِنْهُمَا مِئَةَ جَلْدَةٍ وَلَا تَأْخُذْكُمْ بِهِمَا رَأْفَةٌ فِي دِينِ اللهِ** [النور:2] من أجل أن يبقى المجتمع الإسلامي قوياً منيعاً محافظاً على هيبته في الداخل والخارج.

التواصي بالحق

يقول (الألوسي: 219/15) في تفسير التواصي بالحق "أي حث بعضهم بعضاً للأمر الثابت الذي لا سبيل إلى إنكاره ولا زوال في الدارين لمحاسن آثاره، وهو الخير كله من الإيمان بالله تعالى، واتباع كتبه ورسله عليهم السلام في كل عقد وعمل "وعليه فإن الحق هو كل ما جاء به كتاب الله أمر ثابت لا يسوغ إنكاره من اعتقاد أو عمل. إن في شيوع هذا الأصل الاجتماعي "التواصي بالحق" بين المسلمين ما يساعد على نشر الفضيلة والخير في المجتمع وما يعزز قيم الألفة والمحبة والثقة والأمان. وبهذا يصبح المجتمع قوياً متماسكاً تسوده الألفة والثقة والراحة والرحمة والمحبة بين المسلمين وهذا أثر تربوي لهذا الأصل الاجتماعي.

الكرم والسخاء

فإن الله تعالى وهو الكريم قد أحب كل كريم، والكرم أصل اجتماعي عربي أصيل أكده الإسلام وحث المسلمين عليه، واعتبر الملتزمين بهذا الأصل الاجتماعي الكرم من المفلحين، يقول سبحانه: وَمَنْ يُوقَ شُحَّ نَفْسِهِ فَأُولَئِكَ هُمُ الْمُفْلِحُونَ [الحشر:9] وحذر سبحانه من البخل، يقول سبحانه عن إبراهيم الخليل عليه السلام في إكرامه لضيفه: هَلْ أَتَاكَ حَدِيثُ ضَيْفِ إِبْرَاهِيمَ الْمُكْرَمِينَ (24) إِذْ دَخَلُوا عَلَيْهِ فَقَالُوا سَلَامًا قَالَ سَلَامٌ قَوْمٌ مُنْكَرُونَ (25) فَرَاغَ إِلَى أَهْلِهِ فَجَاءَ بِعِجْلٍ سَمِينٍ [الذاريات:24-26] والكرم هو أصل اجتماعي إسلامي له أثر تربوي من حيث إنه يربي المسلم على فعل الخير، ويسمو به عن النقائص، ويشعره بالطمأنينة والراحة فالله عنه راضٍ والناس يحبونه ويحترمونه وبهذا تقوى الروابط بين المسلمين، وتسهل حياتهم، وتتيسر حياتهم وقضاء حوائجهم، وتقوى أسباب التراحم والتعاطف.

الحياء

هو الكف عن كل ما يستحقه العقل، ويمجه الذوق، واستنكار كل ما لا يرضى به الخالق والمخلوق، فهو أصل اجتماعي وخلق شريف يمنع المرء عن فعل المحرمات وإتيان المنكرات ويصونه عن الوقوع في الأوزار والآثام، فمن فقد الحياء ذهبت إدابه أدراج الرياح، وأضحى منبوذاً محروماً من كل خير وفضل وقال تعالى: وَمَنْ تَزَكَّى فَإِنَّمَا يَتَزَكَّى لِنَفْسِهِ وَإِلَى اللهِ الْمَصِيرُ [فاطر:18] وقد جعلت السنة النبوية الحياء شعبة من الإيمان، وأصل لا يأتي إلا بخير، ومن أهم أثاره التربوية، أنه يستوي عند الفرد ما يعمله في السر مع ما يعمله في العلن، لإدراكه صفاته سبحانه واستحضار هيبته وإحاطة عمله بما ظهر، وما تخفي الصدور فإن العبد حينها سيلتزم الحياء من خالقه سبحانه، ويقف الحياء حائلاً بين صاحبه والوقوع في المعاصي، كما ويحفظ المجتمع من الفواحش والرذائل.

الحِلم

هو ضبط النفس عند ثورة الغضب حال وجود ما يدعو إليه، وتملك عنانها، وحذر الاسترسال في هيجانها، فيحدث ما لا تحمد عقباه، فكم جر الغضب من الأضرار على أناس ما لو ملكوا أنفسهم وكبحوا جماحها لسلموا منه، والحلم سيد الأخلاق، وهو يكمل صاحبه بجميل الخصال، ويحببه إلى الله تعالى، ويدفع قدره عند الناس لما عرفوا للغضب سبيلاً، ولا سلوكه طريقاً وقال تعالى: وَلَمَنْ صَبَرَ وَغَفَرَ إِنَّ ذَلِكَ لَمِنْ عَزْمِ الْأُمُورِ [الشورى:43]. ويكون هذا الأصل الاجتماعي بالتجاوز عن جهل الجهالة وإساءتهم، فلا يغضب المؤمن إلا للحق، وللحلم آثار تربوي طيبة على الفرد والمجتمع، فهو يؤدي إلى نيل مرضاة الله ومحبته، ويساعد على سيادة أصول المحبة والتآلف والتماسك بين المسلمين. ويدفع الفرد إلى الحياء والندم إذا

صدر منه خطأ ما، كما يساعد الحلم المسلم على الأخذ بمقتضيات أصل التمهل والرؤية والابتعاد عن الانفعال والتسرع.

العفة

هي اجتناب ما لا يحل، وصد النفس عن تتبع شهواتها الدنيئة أو السير وراء أطماعها الرديئة، فما أسعد من مَلَك عنان نفسه، وقبض على زمامها، فإنه يأمن من الوقوع في مهاوي الردى، ومواطن الهلاك، وما أشقى من ترك لنفسه الحبل على غاربها، فغرقت في لذاتها، فبشره بسوء المنقلب، وسيعلم بعد الصدمة الأخرى عاقبة ما فعل، لهذا الأصل الاجتماعي أثراً تربوي، والالتزام بالعفة يُعيين المؤمن على حفظ قيم احترامه ووقاره والثقة به، ويقربه إلى الله تعالى، وتنعكس على الفرد تربوياً، وعلى المرأة المؤمنة خاصة بالمحافظة على هيبتها وعفتها والسمو بها نحو كرامتها الإنسانية الأصيلة التي أرادها سبحانه لها، وينعكس الالتزام بالعفة كأصل اجتماعي على المجتمع الإسلامي فيبقيه طاهراً يمتاز بالقوة ويبعده عن صور الفساد والانحراف والانحلال والضعف، وهذا من باب تكريم كتاب الله للمسلم وللمرأة المسلمة خصوصاً بالحفاظ على هيبتها وعفتها وألا تكون سلعة للرعاية والإعلان وقال تعالى: وَمَنْ كَانَ غَنِيًّا فَلْيَسْتَعْفِفْ وَمَنْ كَانَ فَقِيرًا فَلْيَأْكُلْ بِالْمَعْرُوفِ [النساء:6].

الإخلاص

إن هذا الأصل الاجتماعي "الإخلاص بالنية لله"، أو قصد وجه الله، هو أصل تربوي قرآني يجب أن يسري مع المؤمن في كل قولٍ أو فعلٍ، فإن كل عمل لا يراد به وجه الله باطل، وهو أن يعمل المرء بوحي من ضميره الخالص، ويقدم الإحسان بدافع نفسه الظاهرة وقد أثنى الله تعالى على المخلصين وذم المرائين فقال جل شأنه: وَاذْكُرْ فِي الْكِتَابِ مُوسَى إِنَّهُ كَانَ مُخْلَصًا وَكَانَ رَسُولًا نَبِيًّا [مريم:51] إن ملاحظة

هذا الأصل الاجتماعي في السلوك الفردي تربوياً لا شك أنه يحمل الفرد على التفاني في تقديم الخير والمساعدة للآخرين إذا نظر إلى المثوبة من الله وحده، الإخلاص يشعر صاحبه بالاطمئنان فيكون رقيباً على نفسه دافعاً على الإخلاص والإتقان في العمل الخير ابتغاء مرضاة الله دون أن يُشرك به شيئاً عن طريق الرياء ونحوه، فإن هذا الأصل يحارب عادة الرياء السلبية بمعرفة الفرد أن عمله إذا خالطه الرياء كان باطلاً محبطاً، لقوله تعالى: يَا أَيُّهَا الَّذِينَ آمَنُوا لَا تُبْطِلُوا صَدَقَاتِكُمْ بِالْمَنِّ وَالْأَذَى كَالَّذِي يُنْفِقُ مَالَهُ رِئَاءَ النَّاسِ [البقرة:264].

اجتناب الكبائر والنواهي

الكبائر هي الذنوب المؤبقة، والفواحش المهلكة، والمخالفات الشرعية الخطيرة التي من شأن الانغماس فيها، والوقوع في حمايتها، إذ يؤدي إلى فساد الضمائر، وموت القيم، وخراب المجتمعات، وانهيار الأمم والحضارات، ولذلك فإن الإسلام قد حذر منها، ونبه على خطورتها، وغلظ عقوبتها، ودعا في كثير من الآيات القرآنية إلى تجنب الكبائر لقوله تعالى: إِنْ تَجْتَنِبُوا كَبَائِرَ مَا تُنْهَوْنَ عَنْهُ نُكَفِّرْ عَنْكُمْ سَيِّئَاتِكُمْ وَنُدْخِلْكُمْ مُدْخَلًا كَرِيمًا [النساء:31] فهذا الأصل الاجتماعي يحذر المسلم من أن يدنس نفسه بهذه الموبقات والكبائر ونظائرها، فيقع عليه مقت الله وغضب الناس، وتعرضها لشديد العذاب في الدنيا والآخرة، بل على المؤمن أن يجتهد في أن يجعلها ظاهرة نقية طيبة لا ترضى بالخير بديلاً، وهذا الأصل الاجتماعي اجتناب الكبائر والنواهي له انعكاس تربوي في أنه ثمرة ناضجة من ثمار تقوى الله تعالى والسعي إلى مرضاته ودخول جناته، وفي اجتناب النواهي انعكاس عن قوة الإيمان بالله تعالى والسعي إلى النجاة من عذابه تعالى.

التوبة

كثيراً ما يجد الإنسان نفسه ارتكب بعض المعاصي، ووقع في أنواع من المحظورات إلا أن الشرع الإسلامي لم يسد الباب في وجهه، بل فتح له من قبيل رفع الحرج من باب التوبة، التي إذا أدخلها المؤمن بقلبٍ سليم، ونية خالصة، وغفر الله له ما تقدم من ذنبه، وتجاوز عن معصيته، وبذلك يكون الإسلام قد جعل لهذا الصنف من الناس مخرجاً يساعدهم على إصلاح نفوسهم، وتهذيبها، فيتقوم بذلك سلوكهم وتصفو سرائرهم، ويقبلون على ربهم تائبين خاشعين، فالتوبة هي الرجوع إلى الله بالاعتذار له بترك الذنب والندم على فعله والعزم، على عدم معاونة وإصلاح ما يمكنه إصلاحه برد المظالم إن وجدت ويدخل الاستغفار ضمن التوبة وهو أصل اجتماعي أمر الله به عباده المؤمنين على وجه الوجوب لقوله تعالى: وَتُوبُوا إِلَى اللهِ جَمِيعًا أَيُّهَا الْمُؤْمِنُونَ لَعَلَّكُمْ تُفْلِحُونَ [النور:31]. والتوبة والاستغفار أصلان متلاحمان. لقوله تعالى: وَأَنِ اسْتَغْفِرُوا رَبَّكُمْ ثُمَّ تُوبُوا إِلَيْهِ يُمَتِّعْكُمْ مَتَاعًا حَسَنًا [هود:3].

التنافس بالطاعات

خُلق الإنسان ميالاً إلى حُب الشهوات، متسابقاً إلى تحقيق الرغبات، ومن ثم كان التنافس على البلوغ إلى الأهداف وتحقيقها دائماً بين الناس، إلا أن الإسلام وجه المسلمين إلى أحسن ميادين التنافس، وهو ميدان الطاعات التي يضمن بها المسلم سعادته في الدارين، وذلك بالقيام بفروض الطاعات واجتناب المنهيات وقال تعالى: وَلِكُلٍّ وِجْهَةٌ هُوَ مُوَلِّيهَا فَاسْتَبِقُوا الْخَيْرَاتِ [البقرة:148]. ولقد انتشرت في حياة المسلمين أمور كثيرة ومستجدات متنوعة، دفعت بعضهم إلى التسابق إليها، ونيل حظوظهم منها. وبذلك كثر التنافس حولها، واعتبرها البعض دليلاً على

التمدن والحضارة إلا أن الإسلام بتعاليمه وأصوله الاجتماعية القيمة، وأخلاقياته العالية، نبه إلى أفضل شيء يجب أن يتبارى الخلق في رحابه، ويتسابقوا في ميدانه هو القيام بالواجبات واجتناب المنهيات، إذ بذلك يعبر المرء عن مدى وعيه، بمسؤوليته وتعلق بدينه.

الاستقامة والاعتدال

فالاستقامة هي التزام الحق الذي شرعه لعباده، والثبات عليه، والتمسك به وعدم التفريط فيه أو الميل عن ذات اليمين أو ذات الشمال، فباستقامة الإنسان يكون هناك انعكاس تربوي يؤدي إلى سعادته وراحة ضميره، وتتحسن أحواله وتستقيم أموره، ويكتب الله له العزة في الدنيا، والسعادة في الآخرة، والإنسان المسلم بتركه الاستقامة ووقوعه في الانحراف، يتردى وينحط فيكون شراً على نفسه وعلى غيره، لا يعرف معروفاً ولا ينكر منكراً، وقال تعالى: قُلْ إِنَّمَا أَنَا بَشَرٌ مِثْلُكُمْ يُوحَى إِلَيَّ أَنَّمَا إِلَهُكُمْ إِلَهٌ وَاحِدٌ فَاسْتَقِيمُوا إِلَيْهِ وَاسْتَغْفِرُوهُ وَوَيْلٌ لِلْمُشْرِكِينَ [فصلت:6] والالتزام بهذا الأصل الاجتماعي سبب لدخول الجنة، ويتمثل في هذا الأصل في السير على نهج الدين القيم والالتزام بأحكامه وتعاليمه، ويرتبط بفعل الخير والعمل الصالح في التربية واقترانهما بالإيمان، فإن المؤمن إذا ما توجه إلى خالقه سبحانه، تائباً طالباً المغفرة والرضوان والجنة، وبدافع من أصل التقوى، فإنه يلتزم بكل جزئيات أصل الاستقامة على شرع الله مما يحقق له مصالحة من جلب منفعة أو درء مفسده.

شكر النعم والحمد

وهو أصل اجتماعي راسخ في نفس العبد المؤمن بالله تعالى، وهو الثناء عليه تعالى باللسان والجوارح على وجه التعظيم والتبجيل على نعمه مسداة أو على صفة من صفات كماله تعالى، والنعم هي ما يتنعم به الإنسان ويتلذذ من كل خير ولذة

وسعادة، ونعم الـلـه على عباده كثيرة لا يمكن حصرها، لأنها أكثر من أن تحصي- وأعظم من أن تستقصى لقوله تعالى: وَإِنْ تَعُدُّوا نِعْمَةَ اللـهِ لَا تُحْصُوهَا [إبراهيم:34]. وأكبر هذه النعم، نعمة الإيمان بالله والهداية إلى دينه القيم، هذه النعمة التي يتوصل بها إلى الجنة، والواجب أن يعترف الإنسان بفضل الـلـه عليه، ويشكره على ما أولاه من نعم، وما أفاض عليه من خير، وذلك بنفاق ما أعطاه في طاعته، وذلك أن الـلـه غني حميد لا ينتفع بشكر من شكر، ولا يتضرر بكفر من كفر، وإنما تعود منفعة الشكر وفائدته على الشاكر وحده، لأنه حين يشكر ربه، فينفق كل ما أنعم الـلـه عليه من الصحة والمال والولد والجاه والسمع والبصر والعقل وغيرها.

محاسبة النفس

للنفس نزعات شيطانية، ولذات شهوانية، فإذا تُركت تسعى وراء لذاتها، وتسير في سبل شهواتها، فنزعت من الشر كل منزع، فلا شك أنها تؤدي بصاحبها إلى الهلاك فيردى في مهاوي الردئ، وأما من تغلب على نفسه وقادها بعقل راجح، وفكر ثابت، ومنعها من إطماعها الذاتية، وكفها عن شهواتها الجنسية، فإنه يكون بعيداً عن مواطن الشقاء والهلاك، غير مرتكب إثماً ولا متحمل وزراً وسيجزيه الـلـه الجزاء الوافي مع المتقين ويقول تعالى: قَدْ أَفْلَحَ مَنْ زَكَّاهَا (9) وَقَدْ خَابَ مَنْ دَسَّاهَا [الشمس:9-10] فجدير بالمؤمن أن يحاسب نفسه في الدنيا بين الفينة والأخرى، على ما يرتكب من معاصي وما يقصر به من أداء أوامر الـلـه، فيرجع إلى ربه بالاستغفار والتوبة، ويلازم نفسه العتاب والتوبيخ والملامة، والنفس أمارة بالسوء، أمر المسلم بتزكيتها استعداداً ليوم الحساب يوم الثواب والعقاب.

التقوى

التقوى أصل اجتماعي وفضيلة من الفضائل الأخلاقية التي ينبغي أن يتحلى بها المسلم لأنها أصل لكل خير، وباعث على الصلاح والكمال، وقد أمر الله المؤمنين بها فقال: يَا أَيُّهَا الَّذِينَ آمَنُوا اصْبِرُوا وَصَابِرُوا وَرَابِطُوا وَاتَّقُوا اللَّهَ لَعَلَّكُمْ تُفْلِحُونَ [آل عمران:200] والتقوى هي حفظ النفس عما يشوبها ويعرضها للعقاب أو اللوم، وذلك بترك أسباب العقوبة والمحاسبة، وفعل الأوامر والفوائض، المنجية من العذاب والمؤدية للثواب ولأن للتقوى أثراً في صلاح الفرد ونظافة المجتمع وسعادته، وذلك لأنها أصل اجتماعي يؤدي إلى طهارة القلب، وتوطئد دعائم المجتمع، وهي تنطلق من الأمر بالمعروف والنهي عن المنكر، وكذلك مرجعيتها إلى الإيمان بالله، وبالتقوى يصبح الفرد صالحاً في نفسه نافعاً لغيره، وبالتقوى يتحقق الإخلاص في الصداقة، وتجعلها باقية نافعة، وهي دعامة قوية لتوطيد أو تأكيدها المساواة الحقيقية بين الناس، وتبعث في نفس صاحبها روح المراقبة.

طاعة ولي الأمر

هذا الأصل الاجتماعي مهم لأنه يقوي الصلة بين ولي الأمر والرعية والآيات تـدل على وجوب طاعة ولي الآمر حيث يقول الله تعالى: يَا أَيُّهَا الَّذِينَ آمَنُوا أَطِيعُوا اللَّـهَ وَأَطِيعُوا الرَّسُولَ وَأُولِي الْأَمْرِ مِنْكُمْ [النساء:59] لذلك جاء الشرع بمراعاة الأثر التربوي لهذا الأصل الاجتماعي من خلال طاعة ولي الأمر من المؤمنين مـن غـير معصية، وإسناد الأمر إلى أهله وعدم إسناد الأمور العامة إلى غير أهلها، ويؤدي هـذا الأصل إلى مجتمـع مسلم متراحم متعاطف يحب المجتمع وولي الأمر، وكذلك يحب ويعطف ولي الأمر عـلى رعيته.

الأمر بالمعروف والنهي عن المنكر

من الأصول الاجتماعية التي حث عليها الإسلام أصل الأمر بالمعروف والنهي عن المنكر، لأنه وسيلة لإشاعة الخير والحق والعدل، ومطاردة الشر والباطل، ولذلك فهو الأساس في رفعة الأمة وفضلها حيث يقول تعالى كُنْتُمْ خَيْرَ أُمَّةٍ أُخْرِجَتْ لِلنَّاسِ تَأْمُرُونَ بِالْمَعْرُوفِ وَتَنْهَوْنَ عَنِ الْمُنْكَرِ [آل عمران: 110] وبهذا فإنه ينبغي للمسلم أن يعيش لنفسه ويعيش لغيره، وأن يعمل لصالح جماعة المسلمين، حتى يهيئ لنفسه وإخوانه مجتمعاً فاضلاً تشيع فيه الفضيلة، وتستتر فيه الرذيلة، ولهذا الأصل انعكاس تربوي من خلال إشاعة الحق والخير بين أفراد المجتمع، ويقاوم الباطل والشر وهو أحد فضائل الأنبياء عليهم السلام وقال تعالى: الَّذِينَ يَتَّبِعُونَ الرَّسُولَ النَّبِيَّ الْأُمِّيَّ الَّذِي يَجِدُونَهُ مَكْتُوبًا عِنْدَهُمْ فِي التَّوْرَاةِ وَالْإِنْجِيلِ يَأْمُرُهُمْ بِالْمَعْرُوفِ وَيَنْهَاهُمْ عَنِ الْمُنْكَرِ [الأعراف:157]. فإن التزام المسلمين بهذا الأصل الاجتماعي الأمر بالمعروف والنهي عن المنكر، يوجد مجتمعاً واقفاً عند حدود الـلـه، فلا يُقدم الفرد على معصية ولا يعمد إلى إساءة حتى يراجع نفسه ملياً، لإدراكه بأن المجتمع سيعيب عليه ذلك، وسيوجه إليه سهام النقد والذم، وصوم ما ستقترفه يداه.

الذكر لله تعالى

وهو أصل اجتماعي وقيمة فرضها الـلـه تعالى على المـؤمنين، إذ يقـول سـبحانه: ﭽ يَا أَيُّهَا الَّذِينَ آمَنُوا اذْكُرُوا الـلـهَ ذِكْـرًا كَثِـيرًا [الأحـزاب:41] إن هـذا الأصـل الاجتماعـي يتميز بأن الأمر فيه ينسحب على كافة الظروف والأحوال دون استثناء يقـول سـبحانه: ﭽ الَّذِينَ يَذْكُرُونَ الـلـهَ قِيَامًا وَقُعُودًا وَعَلَى جُنُوبِهِمْ [آل عمران:191] وأصل الذكر لله تعـالى تكون بالقلب واللسان من تسبيح وتكبير

وتهليل ونحوه، ومن الصلاة والحديث في العلم الشرعي وغيره، ويكون كذلك بامتثال لأوامر واجتناب نواهيه، وذكر العبد لله سبب لذكر الله للعبد، والذي يكون بالإثابة والمجازاة والإعانة يقول تعالى: فَاذْكُرُونِي أَذْكُرْكُمْ [البقرة:152] ولهذا الأصل انعكاس تربوي يتمثل بنيل المغفرة الإلهية ورضا الله تعالى ودخول الجنة ويكون ذكر العبد ربه، دافع له على ترك المحرمات وعدم اقتراف الفواحش والمعاصي، يساعد الذكر لله على الالتزام بالثبات في أرض المعركة.

التسبيح

فهو تنزيه الله تعالى عن كل شيء، وجعل ذلك في فعل الخير كما جعل الابتعاد عن الشر بكثرة التسبيح، وجعله عاماً في العبادات قولاً كان أو فعلاً أو نية ويقول سبحانه: تُسَبِّحُ لَهُ السَّمَوَاتُ السَّبْعُ وَالْأَرْضُ وَمَنْ فِيهِنَّ وَإِنْ مِنْ شَيْءٍ إِلَّا يُسَبِّحُ بِحَمْدِهِ وَلَكِنْ لَا تَفْقَهُونَ تَسْبِيحَهُمْ إِنَّهُ كَانَ حَلِيمًا غَفُورًا [الإسراء:44] ويأمر رب العزة في كثير من آيات القرآن رسولنا الأعظم بالصبر والتسبيح بحمد الله وكذلك يأمر المؤمنين بدوام التسبيح والتنزيه له سبحانه، إن التوجه إلى الخالق تبارك وتعالى بالتسبيح والتنزيه أصل اجتماعي تعبدي، يبقى لسان المؤمن رطباً بذكر الله، فيستحضر عظمته سبحانه فلي كل عمل يقصده في السر والعلن، فيقف عند حدود الله في كل أمر أو نهي.

القول السديد

كما أمر الإسلام أبناءه وأفراده بسديد القول، وصدقه فقد قال الله تعالى: يَا أَيُّهَا الَّذِينَ آمَنُوا اتَّقُوا اللَّهَ وَقُولُوا قَوْلًا سَدِيدًا (70) يُصْلِحْ لَكُمْ أَعْمَالَكُمْ وَيَغْفِرْ لَكُمْ ذُنُوبَكُمْ وَمَنْ يُطِعِ اللَّهَ وَرَسُولَهُ فَقَدْ فَازَ فَوْزًا عَظِيمًا [الأحزاب:70-71] وقد وعد الله تعالى بإصلاح الأعمال، ومغفرة الذنوب جزاء لسديد القول وذكر أن طاعة الله

والرسول سبب في نيل فوز عظيم في الدنيا والآخرة، ولا يخفي ما في صدق القول وسريره من الخلق الفاضل في حياة المجتمع الإسلامي، وحياة الفرد من أثر حسن وقد نسب إلى عمر بن الخطاب رضي الله عنه إنه قال "عليك بالصدق ولو قتلك الصدق" (الحسيني: 1987).

– نتائج الفرع الثاني من سؤال الدراسة "ما حدود نظرة الإسلام للسلوكات الفردية الغير مرغوب فيها من حيث قبولها ورفضها" (جدول رقم 2).

قتال طائفة مؤمنة مع أخرى

من الأصول الاجتماعية التي كانت في حياة المسلمين ولكن جاء القرآن الكريم وعالجها بين المسلمين ككل حيث يقول تعالى: وَإِنْ طَائِفَتَانِ مِنَ الْمُؤْمِنِينَ اقْتَتَلُوا فَأَصْلِحُوا بَيْنَهُمَا فَإِنْ بَغَتْ إِحْدَاهُمَا عَلَى الْأُخْرَى فَقَاتِلُوا الَّتِي تَبْغِي حَتَّى تَفِيءَ إِلَى أَمْرِ اللَّهِ فَإِنْ فَاءَتْ فَأَصْلِحُوا بَيْنَهُمَا بِالْعَدْلِ وَأَقْسِطُوا إِنَّ اللَّهَ يُحِبُّ الْمُقْسِطِينَ [الحجرات:9] فنهي الإسلام عن قتال طائفة مؤمنة مع أخرى، والإصلاح بينهما والعدل والقسط بين المسلمين لذلك كان مثل ذلك في المجتمع المسلم، وجاء البيان القرآني والنبوي، ليعالج هذه الأمراض الاجتماعية في المجتمع المسلم.

السخرية والتنابز بالألقاب

كان في المجتمع المسلم أمراض اجتماعية من السخرية والتنابز بالألقاب فجاء الإسلام ونهى أبناءه وأفراده عن أن يسخر قوم من قوم آخر مسلمين، أو تسخر نساء مسلمات من مسلمات، ونهي كذلك أفراده المسلمين أن يطعن بعضهم بعضاً أو يغيب، ذلك لأن المؤمنين كنفس واحدة، فإذا عاب مؤمن مؤمناً آخر فكأنه عاب نفسه، كما نهى الإسلام عن التنابز بالألقاب التي تتضمن تقصيراً للمدعو بها وذماً له نهياً بكل شدة، حيث عد الإسلام كل هذه الأمراض من السخرية واللمز النبز

فسوقاً بعد الإيمان وذلك تشديداً للنهي عن ارتكابها، كما أمر المرتكبين لها بالتوبة بأسلوب شديد، لأن هذه أمراض تؤدي إلى التفرقة بين قوم وقوم وبين فرد وفرد في المجتمع المسلم لقوله تعالى: وَإِنْ طَائِفَتَانِ مِنَ الْمُؤْمِنِينَ اقْتَتَلُوا فَأَصْلِحُوا بَيْنَهُمَا فَإِنْ بَغَتْ إِحْدَاهُمَا عَلَى الْأُخْرَى فَقَاتِلُوا الَّتِي تَبْغِي حَتَّى تَفِيءَ إِلَى أَمْرِ اللَّهِ فَإِنْ فَاءَتْ فَأَصْلِحُوا بَيْنَهُمَا بِالْعَدْلِ وَأَقْسِطُوا إِنَّ اللَّهَ يُحِبُّ الْمُقْسِطِينَ [الحجرات:9].

تطفيف الكيل والميزان

لقد جاء الإسلام ونهى اتباعه وقد أشار إلى ذلك عن التطفيف في الكيل والوزن نهياً بكل شدة فقد قال الله تعالى: وَيْلٌ لِلْمُطَفِّفِينَ (1) الَّذِينَ إِذَا اكْتَالُوا عَلَى النَّاسِ يَسْتَوْفُونَ (2) وَإِذَا كَالُوهُمْ أَوْ وَزَنُوهُمْ يُخْسِرُونَ (3) أَلَا يَظُنُّ أُولَئِكَ أَنَّهُمْ مَبْعُوثُونَ (4) لِيَوْمٍ عَظِيمٍ (5) يَوْمَ يَقُومُ النَّاسُ لِرَبِّ الْعَالَمِينَ [المطففين:1-6] وذلك لأن هذا المرض الاجتماعي يؤدي إلى إخسار حقوق المشتري، ومن ثم فتح الباب لوقوع النزاع بين البائع والمشتري، مما يخل بالتآلف والتضامن في المجتمع بين المسلمين، والتطفيف ليس من الخلق الإسلامي، ومما لا ينبغي للمسلم الملتزم الذي يخاف ربه في مجازات الأعمال يوم القيامة.

سوء الظن والتجسس والغيبة

جاء الإسلام ونهى عن سوء الظن بشأن قوم أو أفراد من المسلمين، وأمر أبناءه بالاجتناب لأنه إثمٌ ونهي كذلك عن اتباع عورات المسلمين وتجسس بعضهم ضد البعض. كما نهى المسلمين عن أن يغتاب بعضهم بعضاً، وقد عد الغيبة مثل آكل لحم أخيه ميتاً وذلك تنفيراً من هذه الأمراض، وأمرهم بالتقوى فقد قال الله تعالى: يَا أَيُّهَا الَّذِينَ آمَنُوا اجْتَنِبُوا كَثِيرًا مِنَ الظَّنِّ إِنَّ بَعْضَ الظَّنِّ إِثْمٌ وَلَا تَجَسَّسُوا وَلَا

يَغْتَبْ بَعْضُكُمْ بَعْضًا أَيُحِبُّ أَحَدُكُمْ أَنْ يَأْكُلَ لَحْمَ أَخِيهِ مَيْتًا فَكَرِهْتُمُوهُ وَاتَّقُوا اللَّهَ إِنَّ اللَّهَ تَوَّابٌ رَحِيمٌ [الحجرات:12] كما نوه القرآن الكريم للمسلمين بأن لا يتبعوا وإنما جاء البيان القرآني والنبوي يأمر المسلمين بالتحقق من الأخبار مثل نقلها لأن ذلك يفسد العلاقات بين المسلمين، ومما جاء النهي عنه وذلك لسبيل حفظ الاتحاد بين المسلمين، وتضامنهم ووحدتهم، وذلك لأن الاتحاد من الأعمال الواجبة في الإسلام.

قول الزور والشهادة به

ونهى الإسلام التعامل الاجتماعي بقول الزور والشهادة به بين المسلمين ونهي عن كتمان الشهادة الحقة عند الله تعالى، لأن الشهادة بالزور وكتمانها يضيع حق الأخ المسلم أو غيره، مما يؤدي إلى اختلال الاتحاد بين المسلمين، فقد قال الله تعالى: فَاجْتَنِبُوا الرِّجْسَ مِنَ الْأَوْثَانِ وَاجْتَنِبُوا قَوْلَ الزُّورِ [الحج:30] حتى أن الإسلام يستوجب الشهادة بما هو الصدق ولو كان ضد أولي القربى، فقول الزور من الكبائر، وجاء البيان القرآني والنبوي يحذر المسلمين من التعامل بهذا المرض الاجتماعي الذي كان بين جنبات المسلمين.

التناجي بالإثم والعدوان

هو المحادثة والمؤامرة في الاجتماع المدبر لأن ذلك من صفات المنافقين، و الله سبحانه وتعالى نهاهم عن هذا الصنيع المستنكر، ولكن المنافقين لم ينتهوا عنه وأصروا عليه، فذكرهم الله تعالى في قوله: أَلَمْ تَرَ إِلَى الَّذِينَ نُهُوا عَنِ النَّجْوَى ثُمَّ يَعُودُونَ لِمَا نُهُوا عَنْهُ وَيَتَنَاجَوْنَ بِالْإِثْمِ وَالْعُدْوَانِ وَمَعْصِيَةِ الرَّسُولِ [المجادلة:9] وذلك أن التناجي والمؤامرة في اجتماع مدبر ضد الحكومة الإسلامية، أمرٌ منكرٌ منهي عنه ليس من

أخلاق المؤمنين، وإنما هو من أفعال المنافقين، وعلى المؤمنين أن يجتنبوا عنه ويلتزموا التقوى، وأن يخافوا يوم الحساب.

التكبر والخيلاء

إن الكبر والعجب بالنفس مرضٌ اجتماعي نفسي، يرجع إلى نوع من الغرور، الذي يدفع إلى إنكار الحق واحتقار الناس وظلمهم، والتعالي عليهم، والاستهزاء والسخرية منهم، وما إلى ذلك من الصفات وألوان السلوك التي تُعرض صاحبها لغضب الله وعذابه الأليم، فالاستكبار مذموم عند الله تعالى، لأن المستكبر يضع نفسه بكبره فوق الموضع الذي يستحقه أما إذا كان الاستكبار بحق فإنه لا يكون مذموماً بل يكون ممدوحاً، وإن من أسماء الله تعالى المتكبر والكبر على العباد في المجتمع من أعظم الكبر لقوله تعالى: ﴿الَّذِينَ يَسْتَكْبِرُونَ عَنْ عِبَادَتِي سَيَدْخُلُونَ جَهَنَّمَ دَاخِرِينَ﴾ [غافر:60] وذلك أن الكبر والخيلاء يدفع بصاحبه إلى الكفر بالله، ورفض الخضوع له وطاعته، ويؤدي إلى الترفع عن مجالسة الفقراء والمساكين والبسطاء من الناس وهذا ما يؤدي إلى فساد العلاقات بين المسلمين.

الكذب

والكذب أقبح الرذائل، لأنه جماع كل شر، وأصل كل ذم، ولهذا فإن الإسلام أوجب على المسلم أن يبتعد عن كل ما ليس له علم بحقيقته، حتى لا يقبح في الكذب وقوله تعالى: ﴿وَلَا تَقْفُ مَا لَيْسَ لَكَ بِهِ عِلْمٌ﴾ [الإسراء:36]، وذلك أن في الكذب ما يعرض المسلم إلى الهلاك والعذاب والخيبة، فالكاذب يستعمل هذا الأسلوب لاجتلاب النفع، ودفع الضرر، وفي أن يكون حديث المرء مستعذباً، وكلامه مستطرفاً، والتشفي من عدوه، وذلك أن شيوع الكذب في المجتمع المسلم يؤدي إلى الفجور وتنتهي بأصحابه إلى النار، وهو النميمة، والنميمة تنتج البغضاء،

والبغضاء تئول إلى العداوة، وأنه يؤدي إلى ضياع العدالة، وتضليل حماتها وضياع الحقوق، ويؤدي إلى فقد ثقة الناس بصاحبه.

النفاق

النفاق هو يُعد من أسوأ الأمراض الاجتماعية وأخبثها، لأنه يصيب القلوب وأخطر الجراثيم التي تنخر في جسم المجتمع وتقضي- على كثير من الأصول والمبادئ والقيم الاجتماعية التي تكون من أهم أسباب الأمان والسعادة في الأمم والشعوب، ولهذا حذر الإسلام منه، وحارب أصحابه، وبالنفاق يظهر الإنسان خلاف ما يُبطن في قلبه، وما تنطوي عليه سريرته، والنفاق يصدر عن نفس، تنطوي على صفات الكذب والجبن والطمع وجمود الحق، ويتولد النفاق عند الفرد المسلم باكتسابه مجموعة من الصفات الذميمة، والأخلاق القبيحة، وهو المهارة في الخداع للوصول إلى الهدف وهو شر وقال تعالى: ﴿وَمِمَّنْ حَوْلَكُمْ مِنَ الْأَعْرَابِ مُنَافِقُونَ وَمِنْ أَهْلِ الْمَدِينَةِ مَرَدُوا عَلَى النِّفَاقِ لَا تَعْلَمُهُمْ نَحْنُ نَعْلَمُهُمْ﴾ [التوبة:101] والنفاق يؤدي إلى الكذب، الخداع والتلون، الإفساد والفتنة، الخيانة والغدر والتآمر والجبن والخوف والتخاذل، الطمع والبخل، والنفاق من أشد الأمراض التي تصيب الفرد، وبالنفاق ينتشر بين الجماعة روح الهزيمة واليأس وهو يثبط الناس عن الخير، ويؤدي إلى ضياع الحقوق على أهلها، وبالنفاق قد يضلل الناس ويخدعهم، وقد عمل الإسلام على معالجة هذا المرض الاجتماعي.

النميمة

هي تلك الكلمة التي شانها أن تثير فتنة، وتشعل بين طرفين ناراً وتورث عداوة، وتملأ القلوب غضباً وحقداً وسخطاً، وهي كبيرة من الكبائر وقد تكون صغيرة والفتنة أشد من القتل والذي ينقل كلمة قالها مرؤوس ويبلغها إلى رئيسه فيفصله الرئيس، وكذلك من نقل كلمة فصلت بين الزوجين، وله آثاراً اجتماعية

شنيعة وهذا المرض الاجتماعي يؤدي إلى البغض وإلى تمزق في المجتمع قول تعالى: وَلَا تُطِعْ كُلَّ حَلَّافٍ مَهِينٍ (10) هَمَّازٍ مَشَّاءٍ بِنَمِيمٍ (11) مَنَّاعٍ لِلْخَيْرِ مُعْتَدٍ أَثِيمٍ (12) عُتُلٍّ بَعْدَ ذَلِكَ زَنِيمٍ [القلم:10-13].

البُخل

هو من الرذائل الخُلقية التي ينكرها الإسلام على اتباعه ويحاربها، وقد حذر القرآن الكريم من سوء العاقبة التي تنتظر أهله فقال: وَلَا يَحْسَبَنَّ الَّذِينَ يَبْخَلُونَ بِمَا آتَاهُمُ اللَّهُ مِنْ فَضْلِهِ هُوَ خَيْرًا لَهُمْ بَلْ هُوَ شَرٌّ لَهُمْ سَيُطَوَّقُونَ مَا بَخِلُوا بِهِ يَوْمَ الْقِيَامَةِ [آل عمران:180] فالبُخل شر على صاحبه، وعلة العاقل أن يسعى لجلب الخير لنفسه، ودفع الشر عنها، والبخل هو الامتناع عن فعل الواجب في الشرع كالزكاة ونفقة العيال، وهو علامة الشح ومظهره والجود علامة السخاء ومظهره، ولقد ذم الإسلام البخل واعتبره شجرة من أشجار النار، لما له من أثر كبير في سوء الخلق، ويؤدي إلى سوء الظن بالناس وعدم الثقة، ويرافق البخل الشح وطمع الشحيح، ورغبته في هضم الحقوق المالية، ومنعها عن مستحقيها والبخل سبب في سفك الدماء، واستحلال المحارم فهو يعرض صاحبه للعقاب والعذاب الشديد وقد جاء الإسلام محذراً من هذا المرض الاجتماعي وحث على الإنفاق.

الغضب

هو من الخصال الذميمة التي نهى عنها الإسلام، لأنه شعلة من النار، فالإنسان عند الغضب ينزع فيه عرق الشيطان المخلوق من النار كما قال تعالى: خَلَقْتَنِي مِنْ نَارٍ وَخَلَقْتَهُ مِنْ طِينٍ [الأعراف:12] وهو غليان دم القلب بطلب الانتقام، والناس يختلفون فيه، وللغضب خطر وأثر في المجتمع المسلم من خلال الأثر

الخطير على صاحبه في الدين والدنيا ويحرم نفسه من فضيلة كظم الغيظ، والغضب يفسد إيمان صاحبه عن الرشد، وهو يدفع صاحبه إلى الندم، ومذمة الانتقام، وقد جاء الإسلام ليعالج هذا.المرض الاجتماعي من خلال اتباع تعاليم الإسلام.

الحسد والكبر

يُعد الحسد من أخطر الأمراض التي تصيب النفس الإنسانية، فهو خلق ذميم يؤدي بصاحبه إلى الكثير من الرذائل كالغيبة، والكذب، والإيذاء، وهو داء إذا أصاب النفس الإنسانية أشقاها، ويقول تعالى: وَمِنْ شَرِّ حَاسِدٍ إِذَا حَسَدَ [الفلق:5] ومن الحسد الحقد والتشفي والانتقام، والحسد يؤدي إلى شح النفس، وقلة سخائها بالخير على العباد، والحاسد يضر نفسه، ويصيبها الهم والغم الذي يفضي بصاحبه إلى التلف، من غير أضرار بالمحسود، والحسد يعود ضرره على صاحبه، ويذهب الحسد بحسنات صاحبه، ويؤدي إلى قطع وشائج المؤدة، وصلات القربات، ويفسد الصدقات ويولد بين الناس العداوات ويفكك أفراد المجتمع، ويباعد بين الجماعات والحسد يدفع صاحبه إلى أن يرمي الأمين بالخيانة، ويتهم الصادق بالكذب والعالم بالجهل والعاقل بالحماقة، والعادل بالجور، والمخلص بالرياء وقد جاء الإسلام لمعالجة هذا المرض الاجتماعي في صفوف المجتمع المسلم.

الرياء

الرياء من الرذائل التي نهى عنها الإسلام، لأنه نوع من الشرك و الله تعالى لا يحب الشرك، ولا يقبل من العمل إلا ما كان خالصاً لوجهه، والرياء قبيح لأنه نفاق وهو من أعمال المنافقين، وقال تعالى في حديثه عن المنافقين: يُرَاءُونَ النَّاسَ وَلَا يَذْكُرُونَ اللَّهَ إِلَّا قَلِيلًا [النساء:142]. والرياء يورث صاحبه كثيراً من الأخلاق المذمومة والتفاخر والتحاسد وحب الغلبة، والرياء يعرض صاحبه للويل والهلاك

والفضيحة، والرياء يضيع جهد صاحبه، ويوقعه في الشرك، ويعرضه لغضب الله وعذابه، ولذلك ينبغي أن يبتعد المسلم عن هذا الداء، وعلى من وقع فيه أن يسارع إلى علاجه.

على ضوء ما مر معنا سابقاً في الفصول الثلاثة لا بد من تقرير النتائج التي توصل إليها الباحث، أثناء عرضه لهذه الفصول، والتي تتمثل في توضيح الأصول الاجتماعية للسلوك الأسري المتضمنة في الآيات القرآنية، والسنة النبوية الشريفة في ضوء التربية الإسلامية، فهي تهدف إلى الإجابة عن الفرع الثاني من سؤال الدراسة وهو:

- **نتائج الفرع الثالث من سؤال الدراسة: "ما أهم معالم الإسلام للسلوك الأسري من حيث المقبول والمرفوض؟ (جدول، 3).**

- **واجب الأب والأم تجاه الأبناء:**

أكد الجدول رقم (2) من الآيات القرآنية والأحاديث النبوية الشريفة بعض واجبات الآباء والأمهات تجاه الأبناء كما يأتي: للأولاد على آبائهم حقوق شرعها الله – سبحانه وتعالى- كما أن للآباء على الأبناء حقوقاً، شرعها الله -سبحانه وتعالى- لهم، ولم يُميز الله تعالى بين الذكور والإناث من حيث تقديم لهم الحقوق من آبائهم وأمهاتهم فكلاهما مناط التكليف، إن تربية الأولاد وتعليمهم إنما هو بيد الوالدين، وإن تربيتهم وتعليمهم هي العوامل المؤثرة في شؤونهم الحيوية بُحسن الأخلاق أو بسوئها، فهي من أهم الأسباب الاجتماعية في سعادة الأولاد وشقائهم في مستقبل حياتهم، هناك ثمة واجبات يقوم بها الأب والأم تجاه الأبناء ومنها:

اختيار الأم الصالحة:

من الواجبات التي تؤدي إلى خلق أسرة مترابطة متراحمة اختيار الأم الصالحة للأبناء حتى تكون تربيتهم على النهج الإسلامي، وهذا الأصل الاجتماعي منبثق

من القرآن الكريم والسنة المطهرة لقوله تعالى: وَلَا تَنْكِحُوا الْمُشْرِكَاتِ حَتَّى يُؤْمِنَّ وَلَأَمَةٌ مُؤْمِنَةٌ خَيْرٌ مِنْ مُشْرِكَةٍ وَلَوْ أَعْجَبَتْكُمْ وَلَا تُنْكِحُوا الْمُشْرِكِينَ حَتَّى يُؤْمِنُوا وَلَعَبْدٌ مُؤْمِنٌ خَيْرٌ مِنْ مُشْرِكٍ وَلَوْ أَعْجَبَكُمْ أُولَئِكَ يَدْعُونَ إِلَى النَّارِ وَاللَّهُ يَدْعُو إِلَى الْجَنَّةِ وَالْمَغْفِرَةِ بِإِذْنِهِ وَيُبَيِّنُ آيَاتِهِ لِلنَّاسِ لَعَلَّهُمْ يَتَذَكَّرُونَ [البقرة:221].

وبقوله تعالى: وَمَنْ لَمْ يَسْتَطِعْ مِنْكُمْ طَوْلًا أَنْ يَنْكِحَ الْمُحْصَنَاتِ الْمُؤْمِنَاتِ فَمِنْ مَا مَلَكَتْ أَيْمَانُكُمْ مِنْ فَتَيَاتِكُمُ الْمُؤْمِنَاتِ وَاللَّهُ أَعْلَمُ بِإِيمَانِكُمْ بَعْضُكُمْ مِنْ بَعْضٍ فَانْكِحُوهُنَّ بِإِذْنِ أَهْلِهِنَّ وَآتُوهُنَّ أُجُورَهُنَّ بِالْمَعْرُوفِ مُحْصَنَاتٍ غَيْرَ مُسَافِحَاتٍ وَلَا مُتَّخِذَاتِ أَخْدَانٍ فَإِذَا أُحْصِنَّ فَإِنْ أَتَيْنَ بِفَاحِشَةٍ فَعَلَيْهِنَّ نِصْفُ مَا عَلَى الْمُحْصَنَاتِ مِنَ الْعَذَابِ ذَلِكَ لِمَنْ خَشِيَ الْعَنَتَ مِنْكُمْ وَأَنْ تَصْبِرُوا خَيْرٌ لَكُمْ وَاللَّهُ غَفُورٌ رَحِيمٌ [النساء:25].

لذلك جاء البيان القرآني ليشير إلى أن من واجبات الوالدين تجاه الأبناء، اختيار الأمهات المؤمنات المحصنات، فمن لم يستطع فما ملكت أيمانهم من النساء المؤمنات وقد ركز الله سبحانه وتعالى على اختيار الأم الصالحة المؤمنة، لتكون ثمارها صالحة طيبة بإذن الله، كما حث الرسول -صلى الله عليه وسلم- على اختيار المرأة ذات الدين والنسب والأخلاق الطيبة ومن ذلك الحديث الذي يرويه الخدري رضي الله عنه -قال: قال رسول الله صلى الله عليه وسلم": تُنكح المرأة على إحدى خصال لجمالها وخلقها ودينها فعليك بذات الدين والخلق تربت يداك" (بخاري، ج3، ص44).

وينشأ عن هذا الأصل الاجتماعي أمور تربوية إيجابية هي الحصول على أولاد صالحين متخلقين بأخلاق أبويهم، وإذا كانت المرأة غير ذات دين تؤثر

بأطفالها، ويؤدي ذلك إلى إحداث فجوة في الإسلام، مما يؤثر على تماسك المجتمع المسلم.

ثبوت النسب

من واجبات الآباء تجاه أبناءهم إثبات النسب، وهو دعوة الابن باسم أبيه وعشيرة أبيه، وهو أصل اجتماعي يؤدي إلى الحفاظ على الأنساب، والمصاهرة، وعدم ضياعها، وقال تعالى: ادْعُوهُمْ لِآبَائِهِمْ هُوَ أَقْسَطُ عِنْدَ اللَّهِ فَإِنْ لَمْ تَعْلَمُوا آبَاءَهُمْ فَإِخْوَانُكُمْ فِي الدِّينِ وَمَوَالِيكُمْ وَلَيْسَ عَلَيْكُمْ جُنَاحٌ فِيمَا أَخْطَأْتُمْ بِهِ وَلَكِنْ مَا تَعَمَّدَتْ قُلُوبُكُمْ وَكَانَ اللَّهُ غَفُورًا رَحِيمًا [الأحزاب:5]. وبإثبات النسب للطفل يؤدي إلى عدم اختلاط الأنساب واستقرار حالات الأطفال وعدم شعورهم بالنقص بعدم معرفة آبائهم أو استنكار آبائهم من إلحاقهم بهم، وقد حث الله سبحانه وتعالى على النسب وإثباته للأبناء حيث قال تعالى: وَهُوَ الَّذِي خَلَقَ مِنَ الْمَاءِ بَشَرًا فَجَعَلَهُ نَسَبًا وَصِهْرًا وَكَانَ رَبُّكَ قَدِيرًا [الفرقان:54].

والولد في الشريعة الإسلامية يلحق أبيه ولا يلحق بأمه وقال تعالى: وَعَلَى الْمَوْلُودِ لَهُ رِزْقُهُنَّ وَكِسْوَتُهُنَّ بِالْمَعْرُوفِ [البقرة:233] فينسب الولد لأبيه ويأخذ اسمه، وإن لثبوت النسب أثراً تربوياً من خلال حفظ الأنساب والأعراض، وعدم ضياعها.

الرضاعة

من الواجبات التي يقوم بها الآباء نحو الأبناء حق الرضاع، لأنه فيه الإبقاء على حياته، فكان حق للولد، وواجب من والديه، حيث يقول الله تعالى:
وَأُمَّهَاتُكُمُ اللَّاتِي أَرْضَعْنَكُمْ وَأَخَوَاتُكُمْ مِنَ الرَّضَاعَةِ [النساء:23].

وهذا يدل على التحريم بالرضاع، وقد بين الله- سبحانه وتعالى- بأن الرضاعة الكاملة تنتهي مدتها في عامين، لقوله تعالى: وَالْوَالِدَاتُ يُرْضِعْنَ أَوْلَادَهُنَّ حَوْلَيْنِ كَامِلَيْنِ لِمَنْ أَرَادَ أَنْ يُتِمَّ الرَّضَاعَةَ [البقرة:233] حيث ورد على لسان النبي أن الرضاع يحرم ما حرمهُ النسب منها قوله صلى الله عليه وسلم فيما روته عائشة رضي الله عنها "إن الرضاعة تحرم ما تحرم الولادة" (صحيح البخاري: جزء 9، 140) (صحيح مسلم بشرح النووي، 10، ص18).

وإن على الأم أن تُرضع طفلها الرضاعة الكافية، كما جاءت الشريعة الإسلامية توضح أن الرضاع حولين كاملين، لأن لبن الرضاعة له فوائد كثيرة، في أنه العامل الأساسي في نمو الطفل نمواً متكاملاً، من حيث الجسم والعقل أخذه الحنان والعطف من أمه، مما يؤدي إلى حنو الطفل على أمه وتخلقه بخلق أمه.

اختيار الاسم المناسب

من واجبات الآباء للأبناء أن يجعلوا لهم اسماً كريماً وذلك حتى يميز الطفل عن غيره حتى لا يختلط بغيره وقال تعالى: وَعَلَّمَ آدَمَ الْأَسْمَاءَ كُلَّهَا ثُمَّ عَرَضَهُمْ عَلَى الْمَلَائِكَةِ فَقَالَ أَنْبِئُونِي بِأَسْمَاءِ هَؤُلَاءِ إِنْ كُنْتُمْ صَادِقِينَ (31) قَالُوا سُبْحَانَكَ لَا عِلْمَ لَنَا إِلَّا مَا عَلَّمْتَنَا إِنَّكَ أَنْتَ الْعَلِيمُ الْحَكِيمُ [البقرة:31-32] وقد حث الرسول صلى الله عليه وسلم على اختيار الاسم المناسب للطفل لأنه حق للطفل فقال الرسول صلى الله عليه وسلم ":خير الأسماء ما عُبد وحُمد وأصدق الأسماء إلى الله الحارث وهمام" (مسلم، ج3، 169) لذلك الاسم الحسن بالنسبة للطفل، هو مرآة لصاحبه وواجب الوالدين أن يختارا اسماً لابنهم في اليوم السابع لولادته وهنا حق للطفل وجاء الرسول صلى الله عليه وسلم وحارب عادات الجاهلية وكرههم للإناث، فعن عائشة رضي الله عنها أن رسول الله صلى الله عليه وسلم كان يُغير

الاسم القبيح (مسلم، ج3، ص 71). فالاسم الجميل كالصورة الجميلة يرتاح الطفل إليه.

البشارة والتهنئة بالولد، والتأذين والإقامة عند الولادة، وتحنيكه عند الولادة، والعقيقة، أن يعوله بزرق طيب.

جاء الإسلام ووضع حقوقاً للطفل وهي واجبات من الآباء للأبناء، ويكون بالفرح والسرور بمجيء الولد سواء ذكراً أم أنثى، والتهنئة والبشارة لوالديه به، وأن يكون أول صوت يسمعه صوت الآذان، حتى يسمع الإنسان الكلمات المتضمنة لكبرياء الرب وعظمته والشهادة التي هي أول ما يدخل بها الإسلام، والتلقين له شعار الدخول إلى الدنيا ويؤدي إلى إسكان الطمأنينة والسكينة في قلبه، وحتى يسمع الطيب من الكلام.

وتحنيكه هو واجب من الآباء للأبناء وذلك عن طريق تحنيك المولود من داخل لثته بالتمر المهروس اللين وعندما لا يتوفر التمر يستعاض عنه بأية مادة حلوة تطبيقاً للسنة، والهدف من التحنيك تهيئة فم المولود للرضاعة وتبدي قيمة التحنيك الغذائية والصحية والطيبة من خلال أن التمر له أثار طيبة على العضلات، فهو يقوي العضلات وانقباضات القلب.

ومن حقوقه كذلك العقيقة يوم أسبوعه وهو أن يتصدق بشاتين عنه إذا كان ذكراً وشاة إن كانت أنثى، وهي الذبيحة عن المولود، وأرزاق المساكين، وإهراق الدم والتقرب إلى الله بذلك، وأن يعوله برزق طيب من خلال الرزق الحلال والكسب الحلال، ويتحرى الحلال في تجارته، وأن يؤدي عمله بإتقان.

العدل بين الأبناء في الأعطية

ومن واجبات الآباء تجاه الأبناء أن يعدلوا بينهم في العطاء والوصية والمعاملة وقد حارب الرسول صلى الله عليه وسلم كل ما يمكن أن يؤثر تأثيراً سيئاً على

الصحة النفسية والجسدية للأطفال، فقد دعا الإسلام إلى المساواة بين الأبناء داخل الأسرة، بين الذكر والأنثى، وبين الذكر والذكر، وبين الأنثى والأنثى، لأن هذه المساواة بين الأطفال عون لهم على استبقاء مودتهم واستدامة الزلفة والمحبة بينهم لكي تبقى الأسرة بمنجاة من كيد القريب وتربص البعيد، فالآباء يحرصون غاية الحرص على العدل بين الأبناء، لأنه يورث المحبة والرحمة بينهم في الأسرة.

الحضانة

وهي من واجبات الوالدين تجاه الطفل ويكون ذلك عند الفرقة، وهي ثمرة العلاقة الزوجية حق الحضانة للطفل، وهو حق مترتب على الفرقة، لأن الولد يكون في حضانة أبويه عندما تكون العلاقة الزوجية قائمة بالصورة التي أرادها الشرع، وحينئذ يلتزم الأبوان بالحضانة ومما يدل على الحضانة في القرآن قوله تعالى في قصة سيدنا موسى عليه السلام: إِذْ تَمْشِي أُخْتُكَ فَتَقُولُ هَلْ أَدُلُّكُمْ عَلَى مَنْ يَكْفُلُهُ [طه:40].

النفقة

لقد أوجب الإسلام على إنفاق الوالدين على الأبناء وهو حق مترتب في القرآن الكريم والسنة النبوية ويشمل المسكن الذي فيه السكينة والطمأنينة، والملبس والمأكل والمشرب داخل حدود عش الزوجية، قال تعالى: وَآتِ ذَا الْقُرْبَى حَقَّهُ وَالْمِسْكِينَ وَابْنَ السَّبِيلِ [الإسراء:26] ويدخل في معنى ذي القربى الابن، وهو حق وواجب من الآباء تجاه الأبناء.

الرحمة والعطف

وهو أصل اجتماعي وواجب أساسي من واجبات الوالدين تجاه أبناءهم لإقامة أسرة قائمة على العطف والرحمة والتعاون، وهي من أهم الحاجات الانفعالية

للطفل فهو يحتاج بان يشعر بأنه محبوب والمحب المعتدل بينه وبين والديه وإخوانه وأقرانه وهي حاجة لازمة لصحته النفسية، وهو يحتاج إلى أن يشعر أنه مرغوب فيه داخل حدود الأسرة من أبويه، وأنه ينتمي إلى جماعة وإلى بيئة اجتماعية صديقة، والصداقة والحنان مما يحقق له حياة مليئة عاطفياً ويشعره بوجوده، ويستحب الرفق والرحمة وبالأولاد، ومعاشرتهم باللطف، وتقبيلهم عن شفقة ورأفة، ومباسطتهم بالكلام.

التربية وغرس القيم الأخلاقية في نفسية الطفل

من واجبات الآباء تجاه أبناءهم أن يُعلموهم الأمور الإسلامية، وأن يربوهم التربية الصالحة، وأن يغرسوا فيهم القيم الإسلامية، والأصول الاجتماعية السامية كالصدق والحياء والصبر إلى غير ذلك، وهو حق ثابت للأبناء ودور البيت في تربية الأبناء يقوم على إعدادهم للدنيا والآخرة، إعداداً يشمل أرواحهم وعقولهم ونفوسهم وأجسادهم والتربية الإسلامية هي الوسيلة الوحيدة لإعدادهم وبناء المجتمع المسلم، ومرحلة الطفولة من خلال التنشئة الاجتماعية من مرحلة الولادة حتى الوفاة، وكلما كان الطفل صغيراً كان أقرب إلى الفطرة، والبيت هو المؤثر الأول في التربية، لذلك لا بد أن تكون التربية في كل مناحي حياة الطفل قال تعالى: يَا أَيُّهَا الَّذِينَ آمَنُوا لَا تَدْخُلُوا بُيُوتًا غَيْرَ بُيُوتِكُمْ حَتَّى تَسْتَأْنِسُوا وَتُسَلِّمُوا عَلَى أَهْلِهَا ذَلِكُمْ خَيْرٌ لَكُمْ لَعَلَّكُمْ تَذَكَّرُونَ [النور:27] ويجب أن يزرعوا في شخصية الطفل الأصول التربوية المنبثقة من القرآن الكريم والسنة النبوية المطهرة.

نتائج الفرع الثالث من سؤال الدراسة (جدول 4)

- ما الأصول الاجتماعية لواجب الأبناء تجاه والديهم المتضمنة في الآيات القرآنية والأحاديث النبوية.

يبين الجدول رقم (3) من الآيات القرآنية والأحاديث النبوية الشريفة **واجبات الأبناء تجاه الآباء** كما يأتي:

حث الله -سبحانه وتعالى- على بر الوالدين وإكرامهما وطاعتهما، فعلى الأبناء واجبات جليلة، فالآباء السبب في وجودهم وهم مكلفون بالنفقة عليهم، وحق الآباء لا يفيها الأبناء ولو بالغوا في طاعتهما، ومن هذه الواجبات:

بر الوالدين والإحسان إليهما

ضمت الشريعة الإسلامية توصيات بالغة، وواجبات للآباء على الأبناء، وذلك حتى تمنح المجتمع الإسلامي قوة ومتانة، وتضفي عليها السعادة والهناء، وتتمثل هذه الواجبات بتفوق الإسلام الظاهر في فلسفة الاجتماع، بما يفرضه على الأبناء من رعاية حقوق الآباء والأمهات لتبقى الفروع موصولة بأصولها.

ويتمثل البر بإطعامهما، والقيام على شؤونهم، وامتثال أوامرهما وعدم الإساءة إليهما، وعدم شتمهما وتحقيرهما، ولذلك جاءت الآيات الكريمة والأحاديث الشريفة تدعو إلى بر الوالدين والتحذير من العقوق والإساءة لهما بالقول أو الفعل، وقد جاء حقهما بعد توحيد الله وعبادته لقوله تعالى: وَاعْبُدُوا اللَّهَ وَلَا تُشْرِكُوا بِهِ شَيْئًا وَبِالْوَالِدَيْنِ إِحْسَانًا [النساء:36] وقال تعالى: وَقَضَى رَبُّكَ أَلَّا تَعْبُدُوا إِلَّا إِيَّاهُ وَبِالْوَالِدَيْنِ إِحْسَانًا [الإسراء:23] كما قال عز وجل: قُلْ تَعَالَوْا أَتْلُ مَا حَرَّمَ رَبُّكُمْ عَلَيْكُمْ أَلَّا تُشْرِكُوا بِهِ شَيْئًا وَبِالْوَالِدَيْنِ إِحْسَانًا [الأنعام:151] وأوصى الله تعالى الأبناء بوالديهم، وجمع بين شكره وشكرهما حيث يقول في كتابه العزيز: وَوَصَّيْنَا الْإِنْسَانَ بِوَالِدَيْهِ حَمَلَتْهُ أُمُّهُ وَهْنًا عَلَى وَهْنٍ وَفِصَالُهُ فِي عَامَيْنِ أَنِ اشْكُرْ لِي وَلِوَالِدَيْكَ إِلَيَّ الْمَصِيرُ [لقمان:14]

وجاء في تفسير المنار "أي أحسنوا بالوالدين إحساناً تاماً لا تقصروا في شيء منه، والإحسان في المعاملة يعرفه كل واحد، ويختلف باختلاف أحوال الناس وطبقاتهم، فإن العاصي الجاهل لا يدري كيف يُحسن إلى والديه ويرضيهما بالشكل الذي أراده الـلـه تعالى" (تفسير المنار، ج5، ص83).

وأمر الـلـه تعالى الأبناء أن يستجيبوا لدعوة والديهم إياهم للإيمان بالله، والاهتداء بهديه وحذرهم من عدم الاستجابة لهذه الدعوى وإلى ذلك يقول تعـالى: وَالَّذِي قَالَ لِوَالِدَيْهِ أُفٍّ لَكُمَا أَتَعِدَانِنِي أَنْ أُخْرَجَ وَقَدْ خَلَتِ الْقُرُونُ مِنْ قَبْلِي وَهُمَا يَسْتَغِيثَانِ اللَّهَ وَيْلَكَ آمِنْ إِنَّ وَعْدَ اللَّهِ حَقٌّ فَيَقُولُ مَا هَذَا إِلَّا أَسَاطِيرُ الْأَوَّلِينَ (17) أُولَئِكَ الَّذِينَ حَقَّ عَلَيْهِمُ الْقَوْلُ فِي أُمَمٍ قَدْ خَلَتْ مِنْ قَبْلِهِمْ مِنَ الْجِنِّ وَالْإِنْسِ إِنَّهُمْ كَانُوا خَاسِرِينَ [الأحقاف:17-18].

وأكد الإسلام على الطاعة للوالدين على الوجه الأكمـل، وإن على الأبناء مضاعفة رعايتهم لوالديهم إذا عجز بفعل الكبر والشيخوخة، وحـذرهم مـن التـذمر والتـأفف والإساءة لهما بالقول أو الفعل قال سبحانه وتعالى: وَقَضَى رَبُّكَ أَلَّا تَعْبُدُوا إِلَّا إِيَّاهُ وَبِالْوَالِدَيْنِ إِحْسَانًا إِمَّا يَبْلُغَنَّ عِنْدَكَ الْكِبَرَ أَحَدُهُمَا أَوْ كِلَاهُمَا فَلَا تَقُلْ لَهُمَا أُفٍّ وَلَا تَنْهَرْهُمَا وَقُلْ لَهُمَا قَوْلًا كَرِيمًا (23) وَاخْفِضْ لَهُمَا جَنَاحَ الذُّلِّ مِنَ الرَّحْمَةِ وَقُلْ رَبِّ ارْحَمْهُمَا كَمَا رَبَّيَانِي صَغِيرًا [الإسراء:23-24] وإن حقوق الوالدين على الأبناء تستوعب كل صنوف البر والإحسان من جوانب حسية ومعنوية منها الإنفاق بقول تعالى: قُلْ مَا أَنْفَقْتُمْ مِنْ خَيْرٍ فَلِلْوَالِدَيْنِ وَالْأَقْرَبِينَ [البقرة:215] وأكد القرآن الكريم أن حق الأم على الأبناء بصورة أعظم مـن الأب تنويهاً بقـدرها، بسـبب مكابـدتها وتضحياتها الجسـمية لأبنائها، من حمل وولادة

ورعاية وتربية، ويوضح ذلك ما روى أن رجلاً جاء إلى رسول الله عليه الصلاة والسلام قال: يا رسول الله من أحق الناس بصحبتي؟ قال: أمك، قال ثم من، قال: أمك، قال ثم من، قال: أمك، قال ثم من، قال: أبوك (البخاري، ج5، ص 2227).

الطاعة للوالدين في غير معصية لله تعالى

فقد أوجب الله تعالى على الأبناء طاعة آبائهم، وهذه الطاعة مقرونة بعدم المعصية لله، ولا طاعة لمخلوق في معصية الخالق قال تعالى: وَإِنْ جَاهَدَاكَ عَلى أَنْ تُشْرِكَ بِي مَا لَيْسَ لَكَ بِهِ عِلْمٌ فَلَا تُطِعْهُمَا وَصَاحِبْهُمَا فِي الدُّنْيَا مَعْرُوفًا وَاتَّبِعْ سَبِيلَ مَنْ أَنَابَ إِلَيَّ ثُمَّ إِلَيَّ مَرْجِعُكُمْ فَأُنَبِّئُكُمْ بِمَا كُنْتُمْ تَعْمَلُونَ [لقمان:15].

والطاعة الواجبة للآباء هي الاستجابة للآباء، ورغباتهم، فالنداء للإقبال عليهم، والإشارة والتوجيه في أمر من الأمور الدنيوية أو الأخروية، والحث على طاعة الأبناء للآباء بالشكل الذي يرضاه الدين الإسلامي الحنيف، وتليق بهدف الأسرة والطمأنينة والوقار ومن مظاهر الطاعة شكر الوالدين على ما يقدمانه من تضحية في سبيل تحقيق أسباب الحياة الكريمة وحمايتهم من المخاطر والسهر على راحتهم، والعناية بهم، وما يلحق بهم من أذى من طول سهر عليهم إذا مرضوا والمبالغة في الحرص عليهم، إلى غير ذلك من الأمور غير المتناهية التي يقوم بها الآباء تجاه أبنائهم حيث يقول الله تعالى: وَوَصَّيْنَا الْإِنْسَانَ بِوَالِدَيْهِ حَمَلَتْهُ أُمُّهُ وَهْنًا عَلَى وَهْنٍ وَفِصَالُهُ فِي عَامَيْنِ أَنِ اشْكُرْ لِي وَلِوَالِدَيْكَ إِلَيَّ الْمَصِيرُ [لقمان:14].

النفقة على الوالدين

وحق النفقة واجب على الأبناء عند حاجة الوالدين، أما إذا كان الآباء قادرين على الكسب، فإن من إكرام الوالدين والإحسان إليهما, بحيث ألا يشق عليهما الأبناء في دفعهما إلى الاكتساب بعد أن أصبح قادراً على الإنفاق عليهما،

وتجنيبهما هذه المشقة في الكبر، وتكون النفقة للآباء من خلال إعطاءهما الأموال وجلب الهدايا لهما، والتودد لهما بالأعطيات، يقول تعالى: قُلْ مَا أَنْفَقْتُمْ مِنْ خَيْرٍ فَلِلْوَالِدَيْنِ وَالْأَقْرَبِينَ [البقرة:215].

الإرث

وهذا واجب من الابن للأب، ولا يستطيع الابن إسقاطه، أو التحايل على إسقاطه حتى لو حرمه أبوه من أموالهما في حال حياته، بأن قترا عليه أو أتلفاها بتبذيرهما أو تبرعا بها لغيره والإرث يكون في حال حياة الآباء، وبعد مماتهما وهو ينتقل من مال الولد إلى الوالدين.

الدعاء لهما بالمغفرة

من أبسط ما يفعله الأبناء اتجاه آبائهم أن يدعوا لهما بالمغفرة، وطول العمر والبقاء، وهذا الأمر أوجبه الله -سبحانه وتعالى- في كتابه وللرسول صلى الله عليه وسلم - في سنته:

قال تعالى: رَبِّ نَجِّنِي وَأَهْلِي مِمَّا يَعْمَلُونَ [الشعراء:169].

قال تعالى رَبِّ اغْفِرْ لِي وَلِوَالِدَيَّ وَلِمَنْ دَخَلَ بَيْتِيَ مُؤْمِنًا وَلِلْمُؤْمِنِينَ وَالْمُؤْمِنَاتِ وَلَا تَزِدِ الظَّالِمِينَ إِلَّا تَبَارًا [نوح:28].

لقد حثت الآيات الكريمة على الدعاء للوالدين، وطلب الاستغفار لهما، هذا الأمر لا يكلف جهداً ويتطلب من الأبناء أن يقوموا بهذا الواجب تجاه آبائهم وقال رسول الله صلى الله عليه وسلم: "إذا مات ابن آدم انقطع عمله إلا من ثلاث وذكر منها ولد صالح يدعو له" (مسلم، ج73).

إكرام صديقهما

وهو واجب من الأبناء للآباء بعد وفاتهما، وجاء القرآن الكريم والسنة النبوية بتوجيه الأبناء إلى إكرام أصدقاء الآباء بتقوية الأواصر بين أهل الود وأهل النسب، وهنا يكون الاعتراف بالفضل لأصدقاء الآباء بإكرامهم اعترافهم بالفضل للآباء، البر بأولئك هو البر كذلك بهؤلاء وكلما اتسعت دائرة الأصدقاء ودائرة الذرية، اتسعت معهما أو بهما دائرة التكريم ورحب مجال التراحم، وبذلك يتقارب البعيدون، وتزول الوحشة والجفاء وينتشر فعل الخير، وقد جعل الرسول صلى الله عليه وسلم من أبر البر فقال: "إن أبر البر إن يصل الرجل ود أبيه" (مسلم، ج4، ص6).

إنفاذ عهدهما

وذلك أن يقوم الأبناء بالوفاء بجميع العهود والوعود والالتزامات، التي قطعها الآباء على أنفسهم في حياتهم، فإن العهود قد تعلق بها حقوق لأصحابها، وقد يكون في أصحاب هذه الحقوق من هو في أشد الحاجة إليها. وتتعرض ذمة الأب أو الأم لألم المحتاجين وسخط الساخطين من هذا المبدأ جاء الإسلام بواجب الأبناء تجاه والديهم بإنفاذ عهدهما أيٍّ كان.

صلة رحمهما:

أي الرحم التي كانت موصولة بسبب حياتهما، وهذا يعني أن يحافظ على سلسلة القرابة حتى تبقى متماسكة، فلا يكون هُناك تقطع للأرحام بالجفاء، أو نسيان الأرحام، أو تقطيع المودة والرحمة بين الأقارب، فعن طريق الأبناء تقوى أواصر الصلة وترابط وشائج القربى والود والعطف ويحل الأُنس مكان الجفاء، ويؤدي صلة الرحم إلى تقوية أواصر المودة وتسود المشاعر اللطيفة بين هذه الأسر، مما يؤدي بها إلى أن تكون سليمة الطوية، صحيحة البنية.

نتائج الفرع الثالث من سؤال الدراسة (جدول "5"):

الأصول الاجتماعية لعلاقات الزوج والزوجة في إطار الإسلام المتضمنة في القرآن الكريم والسنة النبوية الشريفة.

أولاً: واجب الزوج تجاه زوجته:

لقد أوجب الإسلام الحنيف على الزوج حقوقاً كثيرة لزوجته، ليتسنى للطرفين أن يتعايشا في هذه الحياة، كل منهما له حقوق وواجبات يقف عندها، وهذا من مميزات التشريع الإسلامي حيث إنه اهتم بهذا الأمر، وبين هذه الواجبات من الزوج تجاه زوجته، والعلاقات بين الزوج وزوجته وفق كتابه الكريم، وسنة نبيه -صلوات الله وسلامه عليه- ومن هذه الواجبات:

الرحمة والعطف

من واجبات الزوج لزوجته، الرحمة والعطف عليها فيولي البيت العناية وإشاعة جو المودة والسكينة والوقار داخل عش الزوجية، ومعاملتها بطيب الكلام، وجعل البشاشة ملازمة وجهه نحو زوجته، فقد قال تعالى: وَمِنْ آيَاتِهِ أَنْ خَلَقَ لَكُمْ مِنْ أَنْفُسِكُمْ أَزْوَاجًا لِتَسْكُنُوا إِلَيْهَا وَجَعَلَ بَيْنَكُمْ مَوَدَّةً وَرَحْمَةً إِنَّ فِي ذَلِكَ لَآيَاتٍ لِقَوْمٍ يَتَفَكَّرُونَ [الروم:21].

ولأن المرأة رقيقة المشاعر والأحاسيس بطبعها فلا بد أن يعاملها الزوج حسب هذه الطبيعة، بلطف، وبكلام لين، وأن يبادلها المشاعر المرهفة فعن أبي هريرة رضي الله عنه قال: قال رسول الله صلى الله عليه وسلم: "استوصوا بالنساء خيراً فإن المرأة خلقت من ضلع أعوج وإن أعوج ما في الضلع أعلاه فإذا ذهبت تقيمه كسرته وإن تركته لم يزل أعوج فاستوصوا بالنساء" (مسلم، ج4، ص 178).

إحسان العشرة

وحُسن المعاشرة هو واجب من الزوج تجاه زوجته، وذلك أن الـلـه تعالى أمر الأزواج بحسن معاشرة زوجاتهم وذلك في قوله تعالى: وَعَاشِرُوهُنَّ بِالْمَعْرُوفِ [النساء:19] ويتجلى حُسن المعاشرة بحفظ كرامة الزوجة، وعدم إهانتها، والصفح عن أخطائها، والتجاوز مما أمكن عن غضبها لما بها من حدة العاطفة، وسرعة في الانفعال، وعلى الزوج أن يكرم أهل زوجته ويثنى عليهم لزيادة مودتها له، كما عليه أن يُشيع جو الأنس والبهجة، بالمداعبة والملاطفة في القول والفعل، وعلى الزوج أن يستشير زوجته في المناسب من الأمور، وأن يكون متوازناً في علاقاته مع زوجته ووالديه وأهله.

ولقد حث الـلـه الكريم على حُسن المعاشرة، في كتابه الكريم وسنة نبيه الشريفة، قال تعالى: يَا أَيُّهَا الَّذِينَ آمَنُوا لَا يَحِلُّ لَكُمْ أَنْ تَرِثُوا النِّسَاءَ كَرْهًا وَلَا تَعْضُلُوهُنَّ لِتَذْهَبُوا بِبَعْضِ مَا آتَيْتُمُوهُنَّ إِلَّا أَنْ يَأْتِينَ بِفَاحِشَةٍ مُبَيِّنَةٍ وَعَاشِرُوهُنَّ بِالْمَعْرُوفِ فَإِنْ كَرِهْتُمُوهُنَّ فَعَسَى أَنْ تَكْرَهُوا شَيْئًا وَيَجْعَلَ الـلـهُ فِيهِ خَيْرًا كَثِيرًا [النساء:19].

ولا يجب أن تكون العلاقة قائمة على أساس المصلحة، ومتغيرة حسب الظروف، فإذا كانت الظروف حسنة كانت الحياة الزوجية جيدة، وإن كانت الظروف سيئة ساءت معاشرته لزوجته، وحملها أوزار ذلك، مما يجعل الحياة جحيماً لكليهما وإنما لا بد أن تكون المعاشرة حسنة من قبل الزوج.

العدل وعدم الظلم

هو واجب من الزوج تجاه زوجته ويكون في التوازن في التصرفات، أو في الاعتدال والتوازن والمساواة في كل الأعمال الزوجية، بحيث لا يطغى جانب على

آخر والعدل يقتضي ألا يكون للزوج سلطان مُطلق في تصريف شؤون البيت وتوجيه ربة البيت، بل مُطالب أن يوازن بين ما له، وما عليه في معاملته لزوجته، تحقيقاً لهذه الموازنة العادلة في قوله تعالى: وَلَهُنَّ مِثْلُ الَّذِي عَلَيْهِنَّ بِالْمَعْرُوفِ [البقرة:228] والمرأة تكون أكثر طاعة وقربى وأشد وداً وحباً، إذا شعرت بتصرفات زوجها العادلة، لذلك كان القرآن الكريم والسنة المطهرة حريصان على تحقيق العدل في معاملة الزوج لزوجته، ويظهر ذلك بوضوح في التعبير القرآني حيث يقول جل شأنه: فَإِنْ خِفْتُمْ أَلَّا تَعْدِلُوا فَوَاحِدَةً أَوْ مَا مَلَكَتْ أَيْمَانُكُمْ ذَلِكَ أَدْنَى أَلَّا تَعُولُوا [النساء:3].

كما نص القرآن على العدل بين الزوجات، فقد أمر الله الزوج أن يعدل بين أزواجه إن حصل التعدد، بل لقد جعل الإسلام القدرة على العدل بين الزوجات شرطاً من الشروط التعدد والعدل بين النساء من الأمور التي يصعب على الزوج تحقيقها، حيث إن القلب قد يميل لزوجة من الزوجات دون الأخرى، وهذا أمرٌ قلبي لا يستطيع الإنسان التحكم به، ولقد جاءت النتيجة مقررة من الله سبحانه وتعالى فيؤ قوله: وَلَن تَسْتَطِيعُوا أَنْ تَعْدِلُوا بَيْنَ النِّسَاءِ وَلَوْ حَرَصْتُمْ فَلَا تَمِيلُوا كُلَّ الْمَيْلِ فَتَذَرُوهَا كَالْمُعَلَّقَةِ وَإِنْ تُصْلِحُوا وَتَتَّقُوا فَإِنَّ اللَّهَ كَانَ غَفُورًا رَحِيمًا [النساء:129] وعن أبي هريرة رضي الله عنه أن رسول الله صلى الله عليه وسلم قال: "من كانت عنده امرأتان فلم يعدل بينهم جاء يوم القيامة وشقه ساقط" (بخاري، ج3، ص60).

المهر

يبين الجدول رقم (4) ان من الآيات القرآنية والأحاديث النبوية الشريفة واجب الزوج تجاه زوجته من خلال المهر، فقد أوجب الله -سبحانه وتعالى- حق

المهر للزوجة على زوجها بدلاً من تمكينها إياه من نفسها، فالمرأة عندما تتعرض لظلم من الرجل بحيث لا تستطيع الاستمرار في الحياة الزوجية تجد في هذا المهر مساعدة لها على تحمل أعباء الحياة، ويكون لها في ظروفها الصعبة ولقد ركز الله تعالى على المهر في كتابه وعلى لسان نبيه صلى الله عليه وسلم ضمن القرآن الكريم: وَآتُوا النِّسَاءَ صَدُقَاتِهِنَّ نِحْلَةً فَإِنْ طِبْنَ لَكُمْ عَنْ شَيْءٍ مِنْهُ نَفْسًا فَكُلُوهُ هَنِيئًا مَرِيئًا [النساء:4].

وإعطاء المهر بالنسبة للمرأة يُوجد في نفسها نوع من الفخر والاعتزاز والثقة في أنها ستكون مرعية الجانب وخير زوجة وصاحب، وفي حالة الزواج من أخرى أو الطلاق يبقى المهر من حق الزوجة لقوله تعالى: وَإِنْ أَرَدْتُمُ اسْتِبْدَالَ زَوْجٍ مَكَانَ زَوْجٍ وَآتَيْتُمْ إِحْدَاهُنَّ قِنْطَارًا فَلَا تَأْخُذُوا مِنْهُ شَيْئًا أَتَأْخُذُونَهُ بُهْتَانًا وَإِثْمًا مُبِينًا (20) وَكَيْفَ تَأْخُذُونَهُ وَقَدْ أَفْضَى بَعْضُكُمْ إِلَى بَعْضٍ وَأَخَذْنَ مِنْكُمْ مِيثَاقًا غَلِيظًا [النساء:20-21].

وقد بينت الشريعة الإسلامية أحكام المهر، فهو واجب على الزوج للزوجة، ولا يحل للزوج مساومة الزوجة على المهر لأنه حقها، فرضه الله -سبحانه وتعالى- وقد فرقت كذلك الشريعة الإسلامية بين الطلاق قبل الدخول. وبعده، حيث إن الطلاق قبل الدخول يترتب عليه نصف المهر، وبعده يلزم الرجل بدفع المهر كله كاملاً.

وكما أن الرسول صلى الله عليه وسلم قال للرجل الفقير الذي أراد أن يتزوج ليعف نفسه "التمس ولو خاتماً من حديد" (البخاري، ج3، ص 499).

النفقة

الزواج شرع للسكينة والطمأنينـة، وقـد أوجـب الإسـلام عـلى الرجـل النفقـة عـلى زوجته وتبعات الزواج من حيث المأكل والمشرب والملـبس، وعـلى الـزوج أن يـوفر سـكناً مناسباً للزوجة وبما يقدر عليه الزوج يقول الـلـه تعالى: أَسْكِنُوهُنَّ مِنْ حَيْثُ سَكَنْتُمْ مِنْ وُجْدِكُمْ [الطلاق:6] أي حسب الطاقة والمقدرة، وحق النفقة للزوجة هو المال الذي يجب على الزوج توفيره للزوجة، لأجل معيشتها وقال تعالى: لِيُنْفِقْ ذُو سَعَةٍ مِنْ سَعَتِهِ وَمَنْ قُدِرَ عَلَيْهِ رِزْقُهُ فَلْيُنْفِقْ مِمَّا آَتَاهُ الـلـهُ [الطلاق:7] وقال سبحانه: وَعَلَى الْمَوْلُودِ لَهُ رِزْقُهُنَّ وَكِسْوَتُهُنَّ بِالْمَعْرُوفِ لَا تُكَلَّفُ نَفْسٌ إِلَّا وُسْعَهَا [البقرة:233].

وإخلال الرجل بالنفقة مع قدرته عليها، يعتبر من الأسباب التي يحكم بها القضـاء الإسلامي بالطلاق قسراً على الزوج، ويعنـي وجـوب النفقـة مـن الـزوج عـلى زوجتـه، أن الزوجة لا تتحمل من هذا الواجب شـيئاً إلا بتطـوع وطيـب نفـس منهـا، وللزوجـة حـق التملك والتصرف المشروع في مالها فعن عبد الـلـه بن عمر رضي الـلـه عـنهما قـال: قـال رسول الـلـه صلى الـلـه عليه وسلم "كفى بالمرء أن يُضيع مـن يقـوت" (مسـلم، ج3، ص 64).

بينت الآيات القرآنية والأحاديث النبويـة الشريفة أن نفقـة الزوجـة واجبـة عـلى زوجها وقد وجبت هذه النفقة بعقد الزواج، وهذه النفقة وإن كانت واجبة على الـزوج، إلا أنه يثاب عليها ويؤجر عليها عند الـلـه تعالى، لأنه يقوم بواجبٌ ديني.

التعليم للزوجة

ويكون هذا الواجب من الزوج تجاه زوجته عن طريق تعليم الزوجة، وتعهدها دينياً حتى يستقيم دينها وخُلقها، ويشمل ذلك تعليمها العقيدة الصحيحة، والعبادة والأخلاق الحميدة، ويقول جل شأنه آمراً الرسول صلى الله عليه وسلم في ذلك: وَأْمُرْ أَهْلَكَ بِالصَّلَاةِ وَاصْطَبِرْ عَلَيْهَا [طه:132] وقال تعالى آمراً المؤمنين: يَا أَيُّهَا الَّذِينَ آمَنُوا قُوا أَنْفُسَكُمْ وَأَهْلِيكُمْ نَارًا [التحريم:6].

وبينت الشريعة الإسلامية خلق الأنبياء بأنهم كانوا يأمرون أزواجهم بإقامة الشرائع، كما أن الرجل مأمور بتعليم الزوجة بأمور الدين، وبينما أن المرأة لا تخرج من بيتها، ولا تتمكن من تلقي العلم في كثير من الأحيان في الزمن الماضي، تركت هذه المهمة من التعليم للزوج.

حُسن الجماع

احل الله للزوج مُجامعة زوجته، ولكن الزوج بما أكرمه الله من العقل والفكر؛ ينبغي أن لا يتصرف حال الجماع تصرف البهائم التي لا تفقه ولا تعقل، بل على الزوج أن يقدم على الجماع بالحديث، والمؤانسة والمداعبة والقبلة، وأن يغطي رأسه ويغض صوته ثم يتمهل على زوجته حتى تقضي هي ما عليها، وللزوج أن يأتي زوجته بأي وجه من الوجوه ما دام في مكان الحرث قال تعالى: نِسَاؤُكُمْ حَرْثٌ لَكُمْ فَأْتُوا حَرْثَكُمْ أَنَّى شِئْتُمْ [البقرة:223].

حماية المرأة وصون عفافها وشرفها

وهو واجب من الزوج للزوجة وذلك بأن يخاف ويحافظ عليها من أي خطر خارجي أو داخلي، وذلك عن طريق منعها من التبرج والاختلاط بالرجال

الأجانب، ويلزمها الحجاب الذي يسترها مـن أنظار الفسـقة، ليسـد بـذلك أبوابـاً يفضي فتحها إلى الوقوع في الفاحشة والرذيلة قال تعـالى: يَا أَيُّهَا النَّبِيُّ قُلْ لِأَزْوَاجِكَ وَبَنَاتِكَ وَنِسَاءِ الْمُؤْمِنِينَ يُدْنِينَ عَلَيْهِنَّ مِنْ جَلَابِيبِهِنَّ ذَلِكَ أَدْنَى أَنْ يُعْرَفْنَ فَلَا يُؤْذَيْنَ وَكَانَ اللَّهُ غَفُورًا رَحِيمًا [الأحزاب:59] وقال صلى اللـه عليه وسلم "لا يخلون رجل بامرأة إلا مع ذي محرم" (رواه البخاري، ج7، ص 66).

الطلاق واليسر فيه

عندما شرع سبحانه وتعـالى الـزواج وذلـك إحيـاء لسـنة اللـه، وللمحافظـة عـلى الجنس البشري من الانقراض وإقامة شرع اللـه على هذه الأرض، فليس الـزواج وسيلة لقضاء الشهوة، وإنما هو علاقة تفاهم ومشاركة نحـو تحمـل أعبـاء هـذه الحيـاة، فـإن لم يحقق الزواج الغرض المقصود فيه شرعاً جعل اللـه -سبحانه وتعـالى- الحيـاة للرجل والمرأة من خلال حرية التخلص من هذه العلاقة الزوجية فشرع بذلك الطلاق.

وقد يطرأ على الأسرة شيئاً من أسباب عوامل الاختلاف، وأسباب النـزاع مـن تبـاين أخـلاق الـزوجين وفكرهما، أو تنـافر طبعهما، أو سـوء في العشرـة، لا يحتمـل، بحيـث تستحكم هـذه الأمـور وتستعصي ـ عـلى الإصلاح، وعنـدها يصبح الاسـتمرار في العلاقـة الزوجية مصدراً للشقاء، ويفقد مبرراته وغاياته وأهدافه، وفي هـذه الحالة شرع الإسـلام الطلاق، ليخلص الأسرة من بؤس دائم، وعـذاب مسـتمر، ضـمن منطلـق، نظـرة الإسـلام الواقعية، ومراعاته للفطرة، شرع ما يوطد أركان البيت، وفي الوقت نفسه شرع ما يُعوض عن كون البيت مثابة وسكناً؛ فأباح الطلاق، تحقيقـاً للسـلام العائلي وقال تعـالى: وَإِنْ عَزَمُوا الطَّلَاقَ فَإِنَّ اللَّهَ سَمِيعٌ عَلِيمٌ (227) وَالْمُطَلَّقَاتُ يَتَرَبَّصْنَ بِأَنْفُسِهِنَّ ثَلَاثَةَ قُرُوءٍ وَلَا يَحِلُّ لَهُنَّ أَنْ يَكْتُمْنَ مَا خَلَقَ اللَّهُ فِي أَرْحَامِهِنَّ إِنْ كُنَّ

يُؤْمِنَّ بِاللَّهِ وَالْيَوْمِ الْآخِرِ وَبُعُولَتُهُنَّ أَحَقُّ بِرَدِّهِنَّ فِي ذَلِكَ إِنْ أَرَادُوا إِصْلَاحًا وَلَهُنَّ مِثْلُ الَّذِي عَلَيْهِنَّ بِالْمَعْرُوفِ وَلِلرِّجَالِ عَلَيْهِنَّ دَرَجَةٌ وَاللَّهُ عَزِيزٌ حَكِيمٌ (228) الطَّلَاقُ مَرَّتَانِ فَإِمْسَاكٌ بِمَعْرُوفٍ أَوْ تَسْرِيحٌ بِإِحْسَانٍ وَلَا يَحِلُّ لَكُمْ أَنْ تَأْخُذُوا مِمَّا آتَيْتُمُوهُنَّ شَيْئًا إِلَّا أَنْ يَخَافَا أَلَّا يُقِيمَا حُدُودَ اللَّهِ فَإِنْ خِفْتُمْ أَلَّا يُقِيمَا حُدُودَ اللَّهِ فَلَا جُنَاحَ عَلَيْهِمَا فِيمَا افْتَدَتْ بِهِ تِلْكَ حُدُودُ اللَّهِ فَلَا تَعْتَدُوهَا وَمَنْ يَتَعَدَّ حُدُودَ اللَّهِ فَأُولَئِكَ هُمُ الظَّالِمُونَ [البقرة:227-229].

وبينت الشريعة الإسلامية آداب الطلاق، ومنها أن لا يُستخدم وسيلة للضغط على المرأة لسلب حقوقها، وأن لا يكون إيقاعه ظلماً وعدواناً، لم يشرع الطلاق إلى تطويل فترة العدة، فيلجأ بعض الرجال لإيقاعه على فترات متباعدة حتى تستمر الزوجة في فترة العدة، وهذا يلحق الضرر بالزوجة، ولا يجوز للرجل أن يستخدم الطلاق أداة لحرمان الزوجة من الميراث فيطلقها في مرض موته حتى لا ترث فيه، فواجب الزوج تجاه زوجته أن لا يطلقها إلا بعد استكمال كافة الطرق والأساليب للإصلاح.

الميراث للزوجة والمتعة

لقد اعتبر الزواج ارتباطاً جسدياً ومادياً، فقد جعل الله سبحانه الميراث نتيجة حتمية للعقد الشرعي، وهذا الميراث حق المرأة لتستعين به على قضاء حوائجها بعد وفاة زوجها، فقد لا يكون لها مال غيره، ولم يهمل الإسلام المرأة بل جعلها صاحبة فرض يختلف سهمها باختلاف حالتها، فإن كان لها أولاد يختلف عمن ليس لها أولاد، وهذا ما تقرره العدالة الشرعية.

الإسلام الحنيف ورث المرأة من زوجها، وخالف الشرائع السابقة وكرمها، ومن الآيات الكريمة الواردة في هذا الخصوص قوله تعالى: وَلَكُمْ نِصْفُ مَا

تَرَكَ أَزْوَاجُكُمْ إِنْ لَمْ يَكُنْ لَهُنَّ وَلَدٌ فَإِنْ كَانَ لَهُنَّ وَلَدٌ فَلَكُمُ الرُّبُعُ مِمَّا تَرَكْنَ مِنْ بَعْدِ وَصِيَّةٍ يُوصِينَ بِهَا أَوْ دَيْنٍ وَلَهُنَّ الرُّبُعُ مِمَّا تَرَكْتُمْ إِنْ لَمْ يَكُنْ لَكُمْ وَلَدٌ فَإِنْ كَانَ لَكُمْ وَلَدٌ فَلَهُنَّ الثُّمُنُ مِمَّا تَرَكْتُمْ مِنْ بَعْدِ وَصِيَّةٍ تُوصُونَ بِهَا أَوْ دَيْنٍ وَإِنْ كَانَ رَجُلٌ يُورَثُ كَلَالَةً أَوِ امْرَأَةٌ وَلَهُ أَخٌ أَوْ أُخْتٌ فَلِكُلِّ وَاحِدٍ مِنْهُمَا السُّدُسُ فَإِنْ كَانُوا أَكْثَرَ مِنْ ذَلِكَ فَهُمْ شُرَكَاءُ فِي الثُّلُثِ [النساء:12].

وترث المرأة الربع في حالة عدم وجود ولد، وقوله تعالى: تِلْكَ حُدُودُ اللَّهِ وَمَنْ يُطِعِ اللَّهَ وَرَسُولَهُ يُدْخِلْهُ جَنَّاتٍ تَجْرِي مِنْ تَحْتِهَا الْأَنْهَارُ خَالِدِينَ فِيهَا وَذَلِكَ الْفَوْزُ الْعَظِيمُ [النساء:13].

نتائج الفرع الثالث من سؤال الدراسة (جدول: 6).

ثانياً: واجب الزوجة تجاه زوجها.

يوضح جدول رقم (5) من الآيات القرآنية والأحاديث النبوية الشريفة بعض واجبات الزوجة تجاه زوجها.

وكما أن الله -سبحانه وتعالى- قد فرض حقوقاً للزوجة على زوجها فقد فرض الله سبحانه وتعالى واجبات من الزوجة تجاه الزوج وهذا قمة العدل والإنصاف، لإنشاء أسرة قائمة على التعاون والود والتماسك، كما ورد في كتاب الله تعالى، وسنة الرسول -صلى الله عليه وسلم- ومن هذه الواجبات تجاه الزوج.

واجب الطاعة للزوج

لقد أوجب الله سبحانه وتعالى على الزوجة أن تطيع زوجها فيما يأمرها به من غير معصية لله سبحانه وتعالى، فلا طاعة لمخلوق في معصية الخالق، فإن امتثلت إليه نعمت، وإن لم تمتثل تعتبر ناشزاً، فإن أطاعت زوجها فليس له عيها إلا ذلك، قال تعالى: الرِّجَالُ قَوَّامُونَ عَلَى النِّسَاءِ بِمَا فَضَّلَ اللهُ بَعْضَهُمْ عَلَى بَعْضٍ وَبِمَا أَنْفَقُوا مِنْ أَمْوَالِهِمْ فَالصَّالِحَاتُ قَانِتَاتٌ حَافِظَاتٌ لِلْغَيْبِ بِمَا حَفِظَ اللهُ وَاللَّاتِي تَخَافُونَ نُشُوزَهُنَّ فَعِظُوهُنَّ وَاهْجُرُوهُنَّ فِي الْمَضَاجِعِ وَاضْرِبُوهُنَّ فَإِنْ أَطَعْنَكُمْ فَلَا تَبْغُوا عَلَيْهِنَّ سَبِيلًا إِنَّ اللهَ كَانَ عَلِيًّا كَبِيرًا [النساء:34].

ومما لا شك فيه أن إرضاء الزوج، وإشباع رغبته من زوجته، محور العناصر المكونة لطاعته، لكن هذا الإرضاء أو هذا الإشباع ليس مطلقاً، من جانب الشرع أو من جانب القضاء فإذا كانت غير قادرة لمرض أو ضعف فعلى الزوج أن يصبر أو يتزوج أخرى تلبي حاجته وتكون الطاعة للزوج من غير معصية الخالق -عز وجل- وهناك بعض الأحاديث في الطاعة منها:

قال النبي -صلى الله عليه وسلم-: "ما استفاء المؤمن بعد تقوى الله خيراً له من زوجة صالحة إن أمرها أطاعته وإن نظر إليها أسرَّته وإن أقسم عليها أبرته وإن غاب عنها حفظته في نفسها وماله" (ابن ماجة، ج1، ص 596).

وقيل لرسول الله صلى الله عليه وسلم أي النساء خير قال: "التي تسره إذا نظر، وتطيعه إذا أمر، ولا تخالفه في نفسها وماله بما يكره" (النسائي، ج3، ص681).

وتدل هذه الأحاديث على وجوب طاعة الزوجة لزوجها، فقد جعل الله سبحانه وتعالى هذه الطاعة من النعم التي أنعم الله بها على عبده، وتكون الطاعة

لزوجها فيما أمر، بما لا يخالف شرع الله، وإطاعته بأن لا تصوم نفل إلا بإذنه وطاعته وإذا دعاها إلى فراشه عليها أن تستجيب له كما عليها أن لا تدخل بيته من يكره وأن لا تهدي ماله بغير علمه.

القوامة

جعل الله -سبحانه وتعالى- القوامة للرجل؛ وذلك لأن الرجل أكثر حكمة وصبراً وقدرة على تحمل أعباء الحياة، وأكثر جلداً على البلاء، وطبيعته النفسية تختلف عن طبيعة المرأة فمعروف أن المرأة إنسانة رقيقة وشفافة ومخلوقة ناعمة، لا تقدر على العمل والكسب، ولكن الرجل يتحمل صعاب الحياة ولا يضجر منها، والمرأة بطبعها تمر بفترات صعبة، كالحيض والنفاس، وهي تشكل خُمس حياتها، وهذا لا يدل على عجزها أو قصورها أو نقص عقلها وكما أن عاطفة المرأة تحكم تصرفاتها في أغلب الأحيان، وأن الرجل ليس كذلك، فقد تحكم المرأة على الأمور بعاطفتها دون عقلها الآمر الذي يؤدي إلى الخطأ في إصدار الأحكام، والرجل هو المكلف بجميع شؤون المنزل من الإنفاق والمسكن والمأكل والقيام بتكاليف أخرى، الأمر الذي أن تكون القوامة بيد الرجل كما ورد في الآيات القرآنية الآتية:

قال تعالى: الرِّجَالُ قَوَّامُونَ عَلَى النِّسَاءِ بِمَا فَضَّلَ اللَّهُ بَعْضَهُمْ عَلَى بَعْضٍ وَبِمَا أَنْفَقُوا مِنْ أَمْوَالِهِمْ فَالصَّالِحَاتُ قَانِتَاتٌ حَافِظَاتٌ لِلْغَيْبِ بِمَا حَفِظَ اللَّهُ وَاللَّاتِي تَخَافُونَ نُشُوزَهُنَّ فَعِظُوهُنَّ وَاهْجُرُوهُنَّ فِي الْمَضَاجِعِ وَاضْرِبُوهُنَّ فَإِنْ أَطَعْنَكُمْ فَلَا تَبْغُوا عَلَيْهِنَّ سَبِيلًا إِنَّ اللَّهَ كَانَ عَلِيًّا كَبِيرًا [النساء:34].

قال تعالى: وَالْمُطَلَّقَاتُ يَتَرَبَّصْنَ بِأَنْفُسِهِنَّ ثَلَاثَةَ قُرُوءٍ وَلَا يَحِلُّ لَهُنَّ أَنْ يَكْتُمْنَ مَا خَلَقَ اللَّهُ فِي أَرْحَامِهِنَّ إِنْ كُنَّ يُؤْمِنَّ بِاللَّهِ وَالْيَوْمِ الْآخِرِ وَبُعُولَتُهُنَّ أَحَقُّ بِرَدِّهِنَّ فِي ذَلِكَ

إِنْ أَرَادُوا إِصْلَاحًا وَلَهُنَّ مِثْلُ الَّذِي عَلَيْهِنَّ بِالْمَعْرُوفِ وَلِلرِّجَالِ عَلَيْهِنَّ دَرَجَةٌ وَاللَّهُ عَزِيزٌ حَكِيمٌ [البقرة:228].

واجب التأديب والوعظ والإرشاد

وهو واجب يخضع لما هو سائد ومعروف بين الناس، ولما هو لائق بمكانة الزوجين ولما لا يتعارض مع الكرامة الإنسانية، والتدرج راعاه الشرع في ذلك، وجعل الله - سبحانه وتعالى- للرجل على زوجته ولاية التأديب، والمقصود بالتأديب هُنا حمل الزوجة على إقامة شرع الله إن امتنعت عن القيام بحقوق الله، ولواجبها تجاه زوجها، لقوله تعالى: الرِّجَالُ قَوَّامُونَ عَلَى النِّسَاءِ بِمَا فَضَّلَ اللهُ بَعْضَهُمْ عَلَى بَعْضٍ وَبِمَا أَنْفَقُوا مِنْ أَمْوَالِهِمْ فَالصَّالِحَاتُ قَانِتَاتٌ حَافِظَاتٌ لِلْغَيْبِ بِمَا حَفِظَ اللهُ وَاللَّاتِي تَخَافُونَ نُشُوزَهُنَّ فَعِظُوهُنَّ وَاهْجُرُوهُنَّ فِي الْمَضَاجِعِ وَاضْرِبُوهُنَّ فَإِنْ أَطَعْنَكُمْ فَلَا تَبْغُوا عَلَيْهِنَّ سَبِيلًا إِنَّ اللهَ كَانَ عَلِيًّا كَبِيرًا (34) وَإِنْ خِفْتُمْ شِقَاقَ بَيْنِهِمَا فَابْعَثُوا حَكَمًا مِنْ أَهْلِهِ وَحَكَمًا مِنْ أَهْلِهَا إِنْ يُرِيدَا إِصْلَاحًا يُوَفِّقِ اللهُ بَيْنَهُمَا [النساء:34-35].

وبينت هذه الآية أن ولاية التأديب للرجل على المرأة لها ثلاث حالات هي:

1. التأديب بالكلمة عن طريق وعظها بالنصيحة.
2. الهجر في المضاجع، ولا تعني ذلك أن يهجر بيت الزوجية بل أن يهجر فراش الزوجية ويكون في بيت الزوجية.
3. الضرب بشرط أن يكون غير مبرح، وأن لا يستقصد كرامة الإنسان، وإن جُعل هذا الحق بيد الرجل، لا يعني أن يتمادى الرجل وأن يكون متعسفاً في استعمال هذا الحق فيضربها لأتفه الأسباب ضرباً مبرحاً أو يهجرها مدة طويلة.

المحافظة على عفتها وشرفها

فالعفة هي صمام الأمان لسعادة الأسرة وحفظ العرض وصون الكرامة، لتحقيق ذلك ينبغي استئذان زوجها، إذا دعتها الحاجة للخروج من المنزل، وأن تلتزم الحشمة باللباس وعدم إظهار الزينة، وأن تمتنع عن إدخال الأجانب إلى بيتها، وأن لا تجتمع بالنساء الفاسدات، وأن لا تتطلع لغير الزوج، وأن تحفظ نفسها وفرجها في غيبة زوجها، وفي ذلك يقول تعالى: فَالصَّالِحَاتُ قَانِتَاتٌ حَافِظَاتٌ لِلْغَيْبِ بِمَا حَفِظَ اللَّهُ [النساء:34] وبذلك فإن المرأة لا تُبدي زينتها إلا لزوجها ولذوي محارمها على التأبيد مع أمن الفتنة، ولا تخلو بأجنبي ولو كان شقيق زوجها، ولا تأذن لمن لا يرضى الزوج دخوله عليها من محارم، ونساء أجنبيات، ولقد حرم الله سبحانه وتعالى الزنا، وكلف كلاً من الزوج والزوجة بحفظ فرجه، واعتبر الزنا من الكبائر الموبقة، وشرع لذلك حداً وهو حد الرجم حتى الموت لكلا الزوجين المحصنين، فالمرأة الصالحة عابدة لله تعالى، تعين زوجها على تطبيق الإسلام على نفسه وأسرته، والعيش بالإسلام دعوة وسلوكاً هي حافظة لزوجها في غيابه من عرض فلا تزني، ولا تفشي له سراً.

وقال تعالى: وَالَّذِينَ هُمْ لِفُرُوجِهِمْ حَافِظُونَ (5) إِلَّا عَلَى أَزْوَاجِهِمْ أَوْ مَا مَلَكَتْ أَيْمَانُهُمْ فَإِنَّهُمْ غَيْرُ مَلُومِينَ [المؤمنون:5-6].

وقال تعالى: لَا تَمُدَّنَّ عَيْنَيْكَ إِلَى مَا مَتَّعْنَا بِهِ أَزْوَاجًا مِنْهُمْ وَلَا تَحْزَنْ عَلَيْهِمْ وَاخْفِضْ جَنَاحَكَ لِلْمُؤْمِنِينَ [الحجر:88].

المحافظة على مال الزوج

وتكون المحافظة بتدبير شؤون منزلها؛ ولهذا لا يجوز لها أن تُعطي أحداً من أهلها غنياً كان أو فقيراً شيئاً من مال زوجها أو متاعه، إلا إذا أذن لها بذلك، أو تعلم أنه يرضى إذا علم، فإذا أنفقت شيئاً من ماله دون أذنه أثمت هي وإن لا تهدي لأحد إلا بأمره، وقد وضحت الآيات الكريمة الأحاديث النبوية الشريفة ذلك.

قال تعالى: يَا أَيُّهَا النَّبِيُّ إِذَا جَاءَكَ الْمُؤْمِنَاتُ يُبَايِعْنَكَ عَلَى أَنْ لَا يُشْرِكْنَ بِاللَّهِ شَيْئًا وَلَا يَسْرِقْنَ وَلَا يَزْنِينَ وَلَا يَقْتُلْنَ أَوْلَادَهُنَّ وَلَا يَأْتِينَ بِبُهْتَانٍ يَفْتَرِينَهُ بَيْنَ أَيْدِيهِنَّ وَأَرْجُلِهِنَّ وَلَا يَعْصِينَكَ فِي مَعْرُوفٍ فَبَايِعْهُنَّ وَاسْتَغْفِرْ لَهُنَّ اللَّهَ إِنَّ اللَّهَ غَفُورٌ رَحِيمٌ [الممتحنة:12].

وقال تعالى: وَلَا تَجْعَلْ يَدَكَ مَغْلُولَةً إِلَى عُنُقِكَ وَلَا تَبْسُطْهَا كُلَّ الْبَسْطِ فَتَقْعُدَ مَلُومًا مَحْسُورًا [الإسراء:29].

الإقرار في بيت الزوجية

من واجبات الزوجة تجاه زوجها أن تسكن معه في البيت المُعد للحياة الزوجية، وأن تمكنه من نفسها، ولا يحق لها أن تقيم في بيت أهلها بدون إذنه، وقد أمر الله -سبحانه وتعالى- بذلك بقوله: وَقَرْنَ فِي بُيُوتِكُنَّ وَلَا تَبَرَّجْنَ تَبَرُّجَ الْجَاهِلِيَّةِ الْأُولَى وَأَقِمْنَ الصَّلَاةَ وَآتِينَ الزَّكَاةَ وَأَطِعْنَ اللَّهَ وَرَسُولَهُ إِنَّمَا يُرِيدُ اللَّهُ لِيُذْهِبَ عَنْكُمُ الرِّجْسَ أَهْلَ الْبَيْتِ وَيُطَهِّرَكُمْ تَطْهِيرًا [الأحزاب:33].

وعلى الزوجة أن تقيم مع زوجها أينما كان، في بلدها أو في غير بلدها وأن تمتثل لأمره إلا أن تكون قد شرطت عليه ذلك قبل الزواج، قال تعالى: فَلَمَّا قَضَى مُوسَى الْأَجَلَ وَسَارَ بِأَهْلِهِ آنَسَ مِنْ جَانِبِ الطُّورِ نَارًا قَالَ لِأَهْلِهِ امْكُثُوا إِنِّي آنَسْتُ نَارًا لَعَلِّي آتِيكُمْ مِنْهَا بِخَبَرٍ أَوْ جَذْوَةٍ مِنَ النَّارِ لَعَلَّكُمْ تَصْطَلُونَ [القصص:29].

تربية الأولاد

وهذا واجب الأم تجاه الأب، بتربية الأولاد تربية حسنة، ومعاملتهم بالإحسان، وإعطائهم النصائح، التي تعود بالنفع، ويتمشى هذا الواجب مع مسؤولية المرأة في إرضاع الأولاد وتربيتهم وفقاً للأخلاق والقيم الإسلامية السامية، وعليها أن ترعى الأولاد باعتبارها مسؤولة عنهم، وأنها راعية في بيت زوجها ومسؤولة عن رعيتها، وهُناك تيسير في الأحكام مما يدل على رعاية الإسلام لدور الأم في التربية، حيث يُباح لها ترك الصيام إذا اقتضت ذلك صحة طفلها.

الإحسان إلى أهل الزوج

إن ما يزيد محبة الزوجة في قلب زوجها احترامها أهله، وذلك بأن تبر والديه وتحسن لهما، وأن تُقدر ما على زوجها من حقوق والديه وأهله، وأن تقوم بإعداد شؤون البيت من رئاسة ومسؤولية لأبوي زوجها، وعليها كذلك البر والطاعة، ولن تصبح زوجة مطيعة في بيت والدي زوجها، فتعرف الزوجة ما لها وما عليها بحيث تبقى الأسرة تعبق بريح الود والتعاون والتراحم.

إشاعة العطف والمودة والرحمة

على الزوجة توفير الجود المريح للزوج والأبناء داخل الأسرة، بما يتصل بالمعاني السامية، وذلك بإشاعة البهجة في البيت، وحسن استقباله بالبشاشة

واللطف، وتقديم ما يحتاجه بيدها، والعمل على خدمة الزوج بالنظر دون الأمر، وحفظ لسانها إلا بالمعروف والتعفف إلا بقول الحق، وكل ذلك يؤدي إلى الهدف الأسمى من الزواج المودة والرحمة لقوله تعالى: وَمِنْ آيَاتِهِ أَنْ خَلَقَ لَكُمْ مِنْ أَنْفُسِكُمْ أَزْوَاجًا لِتَسْكُنُوا إِلَيْهَا وَجَعَلَ بَيْنَكُمْ مَوَدَّةً وَرَحْمَةً إِنَّ فِي ذَلِكَ لَآيَاتٍ لِقَوْمٍ يَتَفَكَّرُونَ [الروم:21].

العِدة

هذا واجب تجاه الزوج بالتزام الزوجة وغيرها من الأحكام عند وفاة زوجها، وذلك تتربص أربعة أشهر وعشرة أيام، إلا إذا كانت حاملاً فتنتظر حتى تضع حملها، وينبغي في هذه المرأة أن لا تخرج من بينها إلا الضرورة، وتتجنب الطيب والزينة، ولا تقبل الخطبة ولا الزواج خلال هذه المدة، وقال الله تعالى في ذلك: وَالَّذِينَ يُتَوَفَّوْنَ مِنْكُمْ وَيَذَرُونَ أَزْوَاجًا يَتَرَبَّصْنَ بِأَنْفُسِهِنَّ أَرْبَعَةَ أَشْهُرٍ وَعَشْرًا [البقرة:234].

نتائج الفرع الثالث من سؤال الدراسة (جدول: 7)

رابعاً: علاقة الأبناء بعضهم ببعض.

رابطة الإخوة

هي رابطة عامة تربط المسلم بأخيه المسلم، لحمتها الدين، وسراها المحبة والتعاون في الخير والتناصر في الحق، تتوثق بعرى الإيمان، وتمتد آفاقها متجاوزة اللغة واللون والجنس، لا فضل لأحد على آخر إلا بالتقوى وتقوم مستلزمة حقوقاً بينهم صيغت على أساس من المساواة والعدل والمحبة، وجمعتها لفظ الأخوة في قوله تعالى: إِنَّمَا الْمُؤْمِنُونَ إِخْوَةٌ [الحجرات:10].

الود والرحمة

يجب أن تكون علاقة الأخوة بين الأبناء داخل الأسرة على درجة من التفاهم والتلاطف في الكلام، وعدم معاملة الذكور للإناث معاملة سيئة، وإنما التعامل بالمساواة والعدل، وقيام العلاقة على أساس الاحترام والتقدير والنصيحة، للنهوض بأهداف هذه الأسرة، وإشاعة جو السرور داخل ثنايا الأسرة؛ مما ينعكس إيجاباً على المجتمع ككل، ويؤدي إلى صلاح الأسرة، والوصول إلى التقوى والأمانة والإخاء، ويجب أن يزور المسلم أخاه من أمه وأبيه، ولو بكلمة طيبة تترك أثراً طيباً في نفس أخيه.

الإحسان إلى الإخوة

ويكون الإحسان في وجوه كثيرة منها النصيحة، وتوجيه الأخ الوجهة السليمة، بما يعود عليه بالنفع، وبأن يتكلموا مع بعضهم دون حرج ولا تكلف، وإذا أخطأ أحد منهم صفحوا عنه وكضموا غيظهم بالحق والمعروف وحثه على فعل الخير.

الإيثار

إن الأخ المسلم يتمنى لأخيه ما يتمنى لنفسه، وذلك عن طريق فعل الخير له قبل نفسه وتقديمه على نفسه في كل الأمور، ولكي تترسخ قيم المحبة والإخاء حث الإسلام على الإيثار والتضحية حتى بالموت وذلك في سبيل إنجاح هدف الأسرة.

نتائج الفرع الرابع من سؤال الدراسة (جدول 8).

ما أهم معالم نظرة الإسلام للعلاقات الاجتماعية بين المسلمين؟

العلاقات الاجتماعية الإسلامية مجموعة من الروابط والوشائج الإسلامية والتي تربط الفرد بالآخرين وتتسع العلاقات الاجتماعية لتشمل علاقات الفرد

بأعضاء أسرته أو حيه وعشيرته من أقرباء وجيران أو مجتمعه المسلم بما فيه أقرباء وجيران وأيتام وفقراء ومحتاجين ومساكين، وكل هذه الوشائج والروابط تنطلق من العقيدة الإسلامية، والمجتمع بهذه الصفة مجتمع متماسك غير قابل أن تتداعي لبناته لأنه مترابط الأجزاء في جميع أعضائه.

صلة الرحم وفضلها

تتكون حياتنا الاجتماعية من الأسر والعائلات، فإذا تفككت عرى اتصال هذه الأسر وتحللت روابط العائلات، فقد ضاع القصد منها، وأصبح كل فرد منعزلاً عن الآخر يهيم على وجهه في الفيافي والقفار، لا يجد له ناصراً ولا معيناً وحينئذ فلا تجد للحياة نظاماً ولا للعيش سعادة، ولهذا كانت صلة الرحم السبيل الأقوى إلى توطيد عُرى المحبة، وتوثيق روابط الألفة والوئام، فمن تجرأ على قطع تلك العلاقات وفصم تلك الصلات بين الأقارب فقد اعتدى على النظام الإلهي ثم لا يجد له من دون الله ولياً ولا نصيراً.

وقال الله تعالى: يَا أَيُّهَا النَّاسُ اتَّقُوا رَبَّكُمُ الَّذِي خَلَقَكُمْ مِنْ نَفْسٍ وَاحِدَةٍ وَخَلَقَ مِنْهَا زَوْجَهَا وَبَثَّ مِنْهُمَا رِجَالًا كَثِيرًا وَنِسَاءً وَاتَّقُوا اللَّهَ الَّذِي تَسَاءَلُونَ بِهِ وَالْأَرْحَامَ إِنَّ اللَّهَ كَانَ عَلَيْكُمْ رَقِيبًا [النساء:1].

وقال الله تعالى: وَاعْبُدُوا اللَّهَ وَلَا تُشْرِكُوا بِهِ شَيْئًا وَبِالْوَالِدَيْنِ إِحْسَانًا وَبِذِي الْقُرْبَى وَالْيَتَامَى وَالْمَسَاكِينِ وَالْجَارِ ذِي الْقُرْبَى وَالْجَارِ الْجُنُبِ وَالصَّاحِبِ بِالْجَنْبِ وَابْنِ السَّبِيلِ وَمَا مَلَكَتْ أَيْمَانُكُمْ [النساء:36].

فالرحم حُكمها أنها واجبة يحرم قطعها حيث يقول الرسول صلى الله عليه وسلم: "أن الرحم شجنة من الرحمن فقال الله: من وصلك وصلته، ومن قطعك

قطعته" (البخاري، جـ10، ص430) ولصلة الرحم درجات بعضها أرفع من بعض، وأدناها ترك المهاجرة والصلة بالكلام ولو بالسلام ويختلف ذلك باختلاف القدرة والحاجة، فمنها ما هو واجب ومنها ما هو مستحب، فلو وصل بعض الصلة، ولم يصل غايتها لا يسمى قاطعاً، ولو قصَّر عما يقدر عليه وينبغي له لا يسمى واصلاً.

ورحم الإنسان أقاربه، وواجب عليه أن يُطعمهم من جوع، ويؤمنهم من خوف، أو يقضي عنهم دَيناً أو يفرج عنهم هماً، أو يقضي- لهم ما يحتاجون إليه إن كانوا في احتياج إلى ذلك وأن يتودد إليهم بالزيارة والهدايا والطيب من القول والبشاشة عند اللقاء والمبادرة بالسلام، والمحافظة على فعل كل ما يجلب محبتهم إن كانوا أغنياء عن ذلك كله.

وقال تعالى: وَالَّذِينَ يَصِلُونَ مَا أَمَرَ اللَّهُ بِهِ أَنْ يُوصَلَ وَيَخْشَوْنَ رَبَّهُمْ وَيَخَافُونَ سُوءَ الْحِسَابِ [الرعد:21].

وقال تعالى: (إن الله يأمر بالعدل والإحسان وإيتاء ذي القربى) [النحل:90].

وقال تعالى: وَآتِ ذَا الْقُرْبَى حَقَّهُ وَالْمِسْكِينَ وَابْنَ السَّبِيلِ [الإسراء:26].

وصلة الرحم من أفضل الخصال وأجمل الحلال ولها آثار تربوية فيها يكثر التواصل والتوادد، وتؤمن الغوائل ويزول التباغض والتحاسد وتلتئم القلوب، وتغفر الذنوب وتصفو الضمائر، وتحسن السرائر، وهذه الآثار التربوية الطيبة النافعة حث الشرع الإسلامي عليها وبالغ في التمسك بها حتى جعلها رسول الله -صلى الله عليه وسلم سبباً في الرزق وسعته وفاتحة الخير والزيادة.

الإحسان للجار

حرص الإسلام على توثيق صلة الجار بالجار، وعلى بناء العلاقة معه بناء قوياً وذلك لأن أضعف جانب يُؤتى منه الإنسان هو جانب الجار، إذا كان جار سوء، فهو الذي يطلع دائماً على مداخله ومخارجه ويعرف الكثير عن أخباره، وربما الكثير من أسراره، ولهذا كانت دعوة الإسلام في حرض وتكرار إلى إحسان الجوار، ضماناً لكل فرد من شرور الجار وحفاظاً على أواصر المحبة وروابط الود والتعاون فيما بين الجيران من جهة، وعلى المجتمع من عوامل التفكك من جهة أخرى.

وقال تعالى: وَاعْبُدُوا اللَّهَ وَلَا تُشْرِكُوا بِهِ شَيْئًا وَبِالْوَالِدَيْنِ إِحْسَانًا وَبِذِي الْقُرْبَى وَالْيَتَامَى وَالْمَسَاكِينِ وَالْجَارِ ذِي الْقُرْبَى وَالْجَارِ الْجُنُبِ وَالصَّاحِبِ بِالْجَنْبِ وَابْنِ السَّبِيلِ وَمَا مَلَكَتْ أَيْمَانُكُمْ [النساء:36].

والإحسان للجار يكون بعمل ما نستطيع عمله من الخير معه، إن احتاج أعنته، وإن مرض عدته، وإن عدته عليه حوادث الأيام خففت آلامه وإن أصابه خير هنأته، والإحسان للجار له آثار تربوية تكمن في تبسمك في وجه جارك عند اللقاء، وتسأل عنه عند الغياب، وترشده إذا ضل، وتنشر محاسنه وتستر عيوبه، وإن مات تبعت جنازته، ومنحت أولاده من بعده عطفك ورحمتك.

ويقول صلى الله عليه وسلم: "ما زال جبريل يوصيني بالجار حتى ظننت أنه سيورثه" (البخاري، ج10، ص445). وهذا نظراً لحق الجار عند الله تعالى ولما فيه من الخير والأمن والعزة لحياة الأسر في المجتمعات الإسلامية، وإن الإضرار بالجار من الكبائر التي جاءت في السنة النبوية الشريفة، حيث يقول صلى الله عليه وسلم: "و الله لا يؤمن و الله لا يؤمن و الله لا يؤمن، قيل من يا رسول الله؟ قال: من لا يأمن جاره بوائقه" (البخاري، ج10، ص457).

ولتأكيد حق الجار فقد ربط الرسول -صلى الله عليه وسلم- حق الجار بالإيمان بالله الذي خلقه، واليوم الآخر الذي إليه معاده، وفيه جزاؤه على إيذائه أو إحسانه إلى جاره، قال صلى الله عليه وسلم: "من كان يؤمن بالله واليوم الآخر فلا يؤذي جاره..." (البخاري، ج10، ص460).

والإحسان والإكرام للجار يكون بترك إيذائه، وحُسن عشرته ومعاملته، ومواساته في أحواله، ومشاركته في أفراحه وأحزانه، وتعهده بالزيارة والعيادة إن مرض. وإعطائه الهدايا، والبشاشة في وجهه، وبذل السلام إذا لقيه، ويكون بالإهداء إليه، ودعوته إلى الطعام وإجابة دعوته، وهذا له آثار تربوية، تظهر من خلال أن الإحسان إلى الجار يؤلف القلوب، ويُزيل الأحقاد والضغائن، ويوثق العرى، ويقوي الصلات بين الجيران، ويكون الإحسان إلى الجار بالصبر على أذاه، وأمره بالمعروف ونهيه عن المنكر وتعليمه ما يلزم تعليمه من أمور الدين، وقد نوه صلى الله عليه وسلم بالجار الأقرب باباً فهو أولى من غيره بالإحسان والصلة. فعن عائشة رضي الله عنها قلت: "يا رسول الله إن لي جارين فإلى أيهما أهدي؟ قال: إلى أقربهما فيك بابا" (البخاري، ج10، ص 561).

الإحسان إلى الأصحاب

الإحسان للأصحاب من الأمور التي تعمل على تكريس قواعد المحبة، والألفة بين المسلمين وتزرع قيم الود والتعاون، من خلال تعهده الزيارة وجلب الهدايا والعطايا له ومشاركته أفراحه وأحزانه ومساعدته عندما يحتاج قال الله تعالى: وَالْجَارِ ذِي الْقُرْبَى وَالْجَارِ الْجُنُبِ [النساء:36].

الإحسان للزوجة

يبدأ الإحسان للزوجة من وجوه متعددة، فبعطائها المهر كاملاً والإنفاق عليها في المأكل والمسكن والملبس توفر لها وجوه الراحة كاملة، بالإضافة إلى حُسن

المعـاشرة، والاحـترام والتقـدير لهـذه المخلوقـة اللطيفـة، بمشـاعرها وأحاسيسـها، والبشاشة دائماً في وجهها، وجلب الهدايا لها وإعطائهـا الأمـوال، والمحافظـة عـلى عرضـها وشرفها ومنعها من التبرج، وحمايتها في كل المواقف وأداء حقوقها كاملة، وكـذلك عنـدما تستفحل المنازعات والمشاكل ويصبح الاستمرار في الحياة الزوجيـة أمـراً صـعباً، يجـب أن يكـون يسـيراً في الطـلاق درءاً للمشـاكل وقـال تعـالى: ﴿وَعَاشِرُوهُنَّ بِالْمَعْرُوفِ فَإِنْ كَرِهْتُمُوهُنَّ فَعَسَى أَنْ تَكْرَهُوا شَيْئًا وَيَجْعَلَ اللَّهُ فِيهِ خَيْرًا كَثِيرًا﴾ [النساء:19].

الإحسان إلى اليتامى

قد يفقد الطفل أو الصبي أحد والديه وعندها يكون أحـوج مـا يكـون إلى العنايـة والتربية والإشراف عليه. فيا سعادة من تولى هذا اليتيم وعطـف عليـه وسـعى في تربيتـه ومعاملته معاملة حسنة فواجب المسلم كفل اليتيم، وله الجزاء الحسن من اللـه تعـالى، وقد نادى الإسلام بحسن معاملة اليتامى، قال اللـه تعـالى: ﴿وَاعْبُدُوا اللَّهَ وَلَا تُشْرِكُوا بِهِ شَيْئًا وَبِالْوَالِدَيْنِ إِحْسَانًا وَبِذِي الْقُرْبَى وَالْيَتَامَى وَالْمَسَاكِينِ وَالْجَارِ ذِي الْقُرْبَى وَالْجَارِ الْجُنُبِ﴾ [النساء:36].

أمر اللـه الأغنياء بأن ينفقوا على الأيتام بما آتاهم اللـه من فضله، شكراً لله تعالى واستزادة منهم لإحسانه عليهم، فاليتيم جدير بأن يكون موضع رعاية الأغنياء وعنايتهم بشأنه، يقضون حاجاته ويقومون بتربيته وتعليمه، وتثقيفه، وتهذيبه، حتى ينشأ نشأة حسنة، ويكون رجلاً كاملاً صالحاً، وكل ولد معرض لليتم والفاقة من بعد والديه، ولو تركوا الأغنياء هؤلاء الفقراء، لم ينفقوا عليهم. وفرطوا في حُسن تقويمهم لنشأ أكثرهم فاسداً، لا عمل لهم إلا ارتكاب الأخطاء وانتهاك الحرمات، والسعي في الأرض فساداً، وحينئذ يكون التفريط من جانب الأغنياء. قال تعالى

مناجياً رسول الله في قوله أَلَمْ يَجِدْكَ يَتِيمًا فَآوَى [الضحى:6] ويجب الاعتناء باليتيم بكافة الأشياء وتعهده بالإنفاق والأكل والمشرب والمسكن قال تعالى: وَيُطْعِمُونَ الطَّعَامَ عَلَى حُبِّهِ مِسْكِينًا وَيَتِيمًا وَأَسِيرًا (8) إِنَّمَا نُطْعِمُكُمْ لِوَجْهِ اللهِ لَا نُرِيدُ مِنْكُمْ جَزَاءً وَلَا شُكُورًا [الإنسان:8-9] وإصلاح أمر الأيتام من خلال توجيههم وتربيتهم وفق أحكام الشريعة الإسلامية من خلال إصلاح عقائدهم وأخلاقهم وأمزجتهم، والإصلاح يمتد إلى كل مناحي حياتهم، قال تعالى: وَيَسْأَلُونَكَ عَنِ الْيَتَامَى قُلْ إِصْلَاحٌ لَهُمْ خَيْرٌ [البقرة:220].

ونهى الله سبحانه وتعالى عن أكل أموال اليتامى قال تعالى: وَآتُوا الْيَتَامَى أَمْوَالَهُمْ وَلَا تَتَبَدَّلُوا الْخَبِيثَ بِالطَّيِّبِ وَلَا تَأْكُلُوا أَمْوَالَهُمْ إِلَى أَمْوَالِكُمْ إِنَّهُ كَانَ حُوبًا كَبِيرًا [النساء:2].

وقد نهى الله عن تبذير أموال اليتامى قبل أن يكبروا، وأمر بالحفاظ على أموالهم حتى يبلغوا سن الرشد، ثم بعد ذلك ترد إليهم أموالهم، وقال تعالى: وَابْتَلُوا الْيَتَامَى حَتَّى إِذَا بَلَغُوا النِّكَاحَ فَإِنْ آنَسْتُمْ مِنْهُمْ رُشْدًا فَادْفَعُوا إِلَيْهِمْ أَمْوَالَهُمْ وَلَا تَأْكُلُوهَا إِسْرَافًا وَبِدَارًا أَنْ يَكْبَرُوا [النساء:6] وجاء الوعيد الشديد بالذي يأكل أموال اليتامى ظلماً، فلهم العذاب يوم القيامة، قال تعالى: إِنَّ الَّذِينَ يَأْكُلُونَ أَمْوَالَ الْيَتَامَى ظُلْمًا إِنَّمَا يَأْكُلُونَ فِي بُطُونِهِمْ نَارًا وَسَيَصْلَوْنَ سَعِيرًا [النساء:10].

وعلى المسلمين الحفاظ على نفسية اليتامى عموماً، وقهر اليتيم له عدة معاني فلا تحقر ولا تظلم ولا تستذل وأن يكونوا اليتيم كالأب الحاني، وإن من إمارات

المكذبين بيوم الدين الحساب والجزاء أنهم يدفعون اليتيم دفعاً غليظاً ويزجرونه زجاً عنيفاً.

الإحسان إلى المساكين:

المساكين هم الذين لا يجدون ما ينفقون، فمنهم من لا يجد شيئاً، ومنهم من يجد القليل الذي لا يفي بحاجاته. فلا يشبع بطنه ولا يستر جسمه، فواجب الأغنياء النفقة على هؤلاء الذين لا يجدون قوت يومهم في الغالب، فإذا بخل الأغنياء بالقليل من أموالهم، وتركوا هؤلاء المساكين فريسة للفقر، فإن الفقر قد يدفعهم إلى الجريمة، فيستبيح لنفسه سرقة أموال الناس وقتل الأبرياء منهم، وكثيراً ما تألفت منهم العصابات. تنهب أموال الناس، وتقتل الأبرياء، فواجب كل مسلم بالتصدق على المساكين لقوله تعالى: إِنَّمَا الصَّدَقَاتُ لِلْفُقَرَاءِ وَالْمَسَاكِينِ [التوبة:60].

وكذلك على المسلم الحق الملتزم بأصول الدين الإسلامي الحنيف، أن يعطي المسكين حقه لقوله تعالى: وَآتِ ذَا الْقُرْبَى حَقَّهُ وَالْمِسْكِينَ وَابْنَ السَّبِيلِ وَلَا تُبَذِّرْ تَبْذِيرًا [الإسراء:26].

وكذلك من الأصول الاجتماعية التي جاءت بالقرآن الكريم وسنة المصطفى -صلى الله عليه وسلم- إطعام المساكين وسد جوعهم لقوله تعالى: وَيُطْعِمُونَ الطَّعَامَ عَلَى حُبِّهِ مِسْكِينًا وَيَتِيمًا وَأَسِيرًا [الإنسان:8] وبيان أن إطعام الطعام المساكين مع الحاجة إليه والحب له من صفات المؤمنين الأبرار. وكذلك من مستلزمات الإحسان البر بالمسكين من خلال إعطائه المال والتصدق صدقة التطوع للمساكين، لقوله تعالى: وَلَكِنَّ الْبِرَّ مَنْ آمَنَ بِاللَّهِ وَالْيَوْمِ الْآخِرِ وَالْمَلَائِكَةِ وَالْكِتَابِ وَالنَّبِيِّينَ

وَآتَى الْمَالَ عَلَى حُبِّهِ ذَوِي الْقُرْبَى وَالْيَتَامَى وَالْمَسَاكِينَ وَابْنَ السَّبِيلِ وَالسَّائِلِينَ وَفِي الرِّقَابِ [البقرة:177].

وكذلك على المسلم لتأصيل قواعد المحبة بين المسلمين، حض الآخرين على مساعدة المساكين، والسعي لتأمين حاجاتهم، لقوله تعالى: أَرَأَيْتَ الَّذِي يُكَذِّبُ بِالدِّينِ (1) فَذَلِكَ الَّذِي يَدُعُّ الْيَتِيمَ (2) وَلَا يَحُضُّ عَلَى طَعَامِ الْمِسْكِينِ [الماعون:1-3] مما يدل على أهمية الحث على مساعدة المسكين.

الإخوة الإسلامية

رابطة الإسلام رابطة متينة قوية، أقوى من رابطة الدم، أقوى من رابطة القبيلة ورابطة الوطن، هذه الرابطة القوية تفرض على المسلم واجبات يؤديها لأخيه المسلم، فلا يتعدى حقوقه، ولا يتركه وحده وقت المحن والشدة، ولا يحط من قدره، ولا يقلل من شأنه، ولا يسلبه ماله، ولا يؤذي سمعته، ولا يضر بصحته، وقال تعالى: إِنَّمَا الْمُؤْمِنُونَ إِخْوَةٌ [الحجرات:10].

وحب المسلم لأخيه في الله وإحساسه وآلامه وآماله، يوجد التقارب له في الطباع والأخلاق فإن الحب ينشأ عنه الصحبة في سبيل الله، وتجد كل واحد منهما يرجو دائماً لقاء صاحبه والجلوس معه وقال تعالى: وَأَلَّفَ بَيْنَ قُلُوبِهِمْ لَوْ أَنْفَقْتَ مَا فِي الْأَرْضِ جَمِيعًا مَا أَلَّفْتَ بَيْنَ قُلُوبِهِمْ وَلَكِنَّ اللهَ أَلَّفَ بَيْنَهُمْ إِنَّهُ عَزِيزٌ حَكِيمٌ [الأنفال:63].

وعلى المسلم ترك إيذاء المسلمين، سواء كان بقول أو فعل أو إشارة قال صلى الله عليه وسلم: "المسلم من سلم المسلمون من لسانه ويده" (مسلم، ج1، ص67) وجعل ترك إيذاء المسلمين دلالة على صحة الإسلام وكماله، ويدخل في إيذاء

المسلمين احتقارهم والانتقاص من قدرهم، وذكرهم بالغيبة، والنميمة وترويعهم، وكل هذا يؤثر على علاقة المسلم بأخيه المسلم وتقطع أواصر المحبة والألفة والمودة.

وكذلك من واجبات حق المسلم تجاه أخيه نصرة المظلومين والمستضعفين وذلك بنصرته بالأمر بالمعروف والنهي عن المنكر وهذا يحقق التوازن داخل المجتمع المسلم فلا مجال للظالم أن يستبد ولا مجال للمظلوم أن يُهضم حقه، كما يكفل التوازن في سير العلاقات الاجتماعية وصيانتها ويقول صلى الله عليه وسلم "المسلم أخو المسلم لا يظلمه ولا يخذله" (مسلم، ج4، ص1577).

وكذلك من حق المسلم ستر عورته والستر هو دليل على طيب المعدن وصفاء النفس، ونقاء السريرة، وبه تتوثق عُرى المحبة والأخوة، ويتسنى من خلاله للمخطئ التجاوز عن الهفوات، وعدم الوقوع بها مرة أخرى، ولذا نهى الله تعالى عن تتبع عورات المسلمين، لما يترتب، على ذلك من المفسدة المفضية إلى فساد خُلق الناس، وقال تعالى: وَلَا تَجَسَّسُوا [الحجرات:12] وقال صلى الله عليه وسلم: "لا يستر عبد عبداً إلا ستره الله يوم القيامة" (مسلم، ج4، ص 1588).

ويجب على كل مسلم إجابة دعوة أخيه المسلم، مما يوثق أواصر المحبة والألفة، بين المسلم وأخيه المسلم والنبي –صلى الله عليه وسلم- يحث على ذلك بقوله: "لو دُعيت إلى كراع لأجبت ولو أُهدي لي ذراع لقبلت" ((البخاري، ج9، ص154). فالنبي بهذا الخلق العظيم وتواضعه وجبره لقلوب الناس، وعلى قبول الهدية، وإجابة من يدعو الرجل إلى منزله، ولو علم أن الذي يدعوه إليه شيء قليل، ولهذا آثار كثيرة على المدعو والداعي من خلال التبرك بالمدعو، والتجمل به، والانتفاع بإشارته، ولأهمية الدعوة وإجابتها، فقد أجاز الإسلام ذهاب النساء إلى العرس عند أمن الفتنة ومن هُنا ينبغي إجابة دعوة المسلم تأليفاً لقلبه، وإرضاء لنفسه، واحتراماً

لرغبته الأخوية، وإيناساً له، ما لم يكن هناك مانع شرعي أو عذر مقبول. وكل ذلك يؤدي إلى مشاركة المسلم مع أخيه المسلم في السراء والضراء.

أدب التعامل مع المسلم في مختلف المعاملات:

كالبيع

نادى الإسلام بالسماحة في البيع والشراء، وعدم التلاعب بالكيل والميزان كما دعا إلى عدم احتكار السلع وخزنها بُغية استغلالها، لربح غير مشروع ووضع الإسلام آداباً للبيع والشراء لتحسن المعاملات بين الناس، وقال النبي صلى الله عليه وسلم: "لا يبع بعضكم على بيع بعض" (البخاري، ج9، ص 105).

وعدم خُطبة المسلم على خطبة أخيه:

ومن المعاملات بين المسلم وأخيه والتي يجب احترامها، عدم خُطبة المسلم على خطبة أخيه، قال صلى الله عليه وسلم: "ولا يخطب الرجل على خُطبة أخيه حتى يترك الخاطب قبله أو يأذن له الخاطب" (البخاري، ج9، ص 105).

عدم التناجش

وهي تكون من خلال بائع وزبون وبينهما سلعة معينة، وقد أوضح البائع للزبون الراغب فيها ثمنها وفي هذه الحالة يأتي شخص آخر لا رغبة له في السلعة، فيقول البائع أنا أشتريها منك بثمن أكثر من الثمن المذكور للزبون، وقد قصد من ذلك تحريك رغبة المشتري الأول منها وهذا مزاودة غير شرعية ولا تجوز وقد جاء النهي على لسان النبي – صلى الله عليه وسلم- بقوله: "... ولا تناجشوا.." (البخاري، ج10، ص 499).

المعاودة له إذا مرض

عيادة المريض حق من حقوق المسلم على أخيه المسلم، وقد حث الإسلام المسلمين على الاهتمام بهذا الحق والقيام به، حتى يشعر المسلم عند مرضه بروح الأخوة من إخوانه، تسري عنه وتخفف عنه آلامه، وتعوضه عن بعض ما حرمه من القوة والصحة، وحتى يدعو له الصالحون، ويبشروه بالخير، ويبعثوا فيه الأمل، فعن البراء – رضي الله عنه- قال: أمرنا النبي بسبع وذكر منها عيادة المريض" (البخاري، ج10، ص668).

المشورة والشورى إلى أخيه إذا استشاره

ومن حق المسلم أن يُسدي إلى أخيه المشورة إذا استشاره، وينبهه إلى طريق الخير، ويسدي إليه النصيحة، قال تعالى: وَشَاوِرْهُمْ فِي الْأَمْرِ [آل عمران:159] وقال تعالى وَأَمْرُهُمْ شُورَى بَيْنَهُمْ [الشورى:38] فبالشورى يصل المسلم مع إخوانه المسلمين إلى الرأي الحق، وتؤتي الشورى ثمارها من خلال تعميق أواصر المحبة والألفة والتعاون فعن جابر رضي الله عنه –أن النبي - صلى الله عليه وسلم- قال: "إذا استشار أحدكم أخاه فليشر إليه" (ابن ماجة، ج4، ص224).

تعهد المسلم بالزيارة

زيارة الناس بعضهم بعضاً أمر تقتضيه الحياة الاجتماعية، وتدعو إليها طبيعة الإنسان، ويحض عليها الدين. ويداعي في ذلك آداب الاستئذان، والسلام وآداب المجلس، وأن يزور المسلم أخاه بنية صالحة، وذلك بأن يزور أبويه ويبر بالوالدين، ويزور أقاربه بنية صلة الرحم، ويزور جاره بنية الإحسان إلى الجار، وأن يُراعي الأمر المناسب، ولا يشق على من يزوره، وذلك أن يزور في الوقت المناسب، وأن يستأذن في الزيارة قبل حدوثها، وأن لا يجلس أكثر من المناسب عُرفاً، وألا يعبث

بمحتويات الدار، وألا يصحب معه أطفالاً من شأنهم العبث والإفساد، فقد روى البخاري "أن سلمان زار أبا الدرداء في عهد النبي -صلى الله عليه وسلم- فأكل عنده" (البخاري، ج10، ص 515).

الإصلاح بين الناس

فالإصلاح هو السعي بين الناس بتأليف القلوب، وتأليف المودة فيما بينهم إذا تفاسدوا من غير أن يجاوز ذلك حدود الشرع الشريف، والإصلاح بين الناس يحتاج فيه إلى الكتمان، وأن يكون الأمر به والسعي إليه بين من يتعاونون عليه بالنجوى فيما بينهم قال تعالى: لَا خَيْرَ فِي كَثِيرٍ مِنْ نَجْوَاهُمْ إِلَّا مَنْ أَمَرَ بِصَدَقَةٍ أَوْ مَعْرُوفٍ أَوْ إِصْلَاحٍ بَيْنَ النَّاسِ وَمَنْ يَفْعَلْ ذَلِكَ ابْتِغَاءَ مَرْضَاةِ اللهِ فَسَوْفَ نُؤْتِيهِ أَجْرًا عَظِيمًا [النساء:114]. وتضافرت النصوص القرآنية في بيان فضيلة وأصل الإصلاح، ووجوب التحلي به، لما له من آثار إيجابية في بناء العلاقات الاجتماعية، فهو يعمل على تقريب القلوب، وإشاعة روح المودة والمحبة فيما بين الناس، وتخلي النفس عن أمراض النفوس كالحقد والحسد والضغينة. فعن النبي صلى الله عليه وسلم قال: "ألا أخبركم بأفضل من درجة الصلاة والصيام والصدقة؟ قالوا: بلى قال: إصلاح ذات البين، فإن فساد ذوات البين هي الحالقة" (أبو داود، ج2، ص698).

إكرام الضيف

إكرام الضيف سنة فعلها الرسول -صلى الله عليه وسلم- وحث عليها، فعلى المسلم أن يكرم الضيف وأن يبش في وجهه، وأن يقابله بفرح وسرور فينبغي للمزور أن يسرع في إكرام ضيفه، فيفرش له الفراش ويجلسه ويقدم له ما تيسر عنده من طعام أو شراب من ما لا يضر به وبالأولاد ومن غير تكلف، وتستمر الضيافة

إلى ثلاثة أيام وبعدها ينبغي للضيف أن ينصرف طيب النفس شاكراً ومقدراً المزور، وغير محتقر ومقلل لما قدمه له وما وفعله معه فقال تعالى: وَجَاءَ أَهْلُ الْمَدِينَةِ يَسْتَبْشِرُونَ (67) قَالَ إِنَّ هَؤُلَاءِ ضَيْفِي فَلَا تَفْضَحُونِ (68) وَاتَّقُوا اللَّهَ وَلَا تُخْزُونِ [الحجر:67-69]. وإكرام الضيف يكون بطلاقة الوجه، وحُسن اللقاء، وطيب الكلام. وعلى المضيف أن يتكلف لضيفه بما في مقدوره وميسوره، وهذا ما يعزز أواصر المحبة والتأليف والرحمة.

رعاية أبناء السبيل

إن المسافر الغريب الذي نفذ ما كان معه من نفقة السفر، وتعذر الوصول إلى وطنه وأهله، فلكونه غريباً منقطعاً عن أهله مجهولاً بين الله تعالى للسائلين، أن في مال القادرين حقاً لهذا المسافر، يجب أن يعطي له عند الحاجة إليه، حتى يستطيع العودة إلى أهله وهناك أثر بالغ من خلال أن الأغنياء إن لم يدركوا هذا المسافر المحتاج. ولم يسعفوه بسد حاجته. زادت حياته سوءاً على سوء، فلذلك دعا الله إلى التصدق على أبناء السبيل لقوله تعالى: إِنَّمَا الصَّدَقَاتُ لِلْفُقَرَاءِ وَالْمَسَاكِينِ وَالْعَامِلِينَ عَلَيْهَا وَالْمُؤَلَّفَةِ قُلُوبُهُمْ وَفِي الرِّقَابِ وَالْغَارِمِينَ وَفِي سَبِيلِ اللَّهِ وَابْنِ السَّبِيلِ فَرِيضَةً مِنَ اللَّهِ وَاللَّهُ عَلِيمٌ حَكِيمٌ [التوبة:60].

من رحمة الإسلام بأفراده ومجتمعه أن جعل التعاون والعطف على الأطفال، من سمات هذا الدين لما فيه من الرحمة واللين، كأصل التبني وهو يجعل هؤلاء الأطفال يعيشون في كنف أسرة، ولو أنه بعيد عنها، لكنه قريب منها معنوياً فتبالي ينشأ هذا الصغير على تعاليم الدين الإسلامي وتعمل على تنمية شخصيته من خلال الابتعاد عن الحرمان والظلم والإجحاف في حقه مما يؤدي إلى إنشاء فرد قائم

على الدين، ومدافع عن الإسلام يعمل للمجتمع وللأفراد بالتعاون والرحمة والتكافل.

رعاية الشيخوخة وكبار السن

وان لآبائنا وأقاربنا حقوقاً واجب أن نؤديها إليهم عند الحاجة إليها، من خلال البر والإحسان لهما خاصة في حال التقدم في العمر، فيجب على المسلم معاملتهم بلطف، والكلام الحسن، والقيام على خدمتهم حتى يجدوا في كبرهم من يخدمه ويطيعه قال تعالى: إِنَّ اللَّهَ يَأْمُرُ بِالْعَدْلِ وَالْإِحْسَانِ وَإِيتَاءِ ذِي الْقُرْبَى [النحل:90]. والرسول صلى الله عليه وسلم يدعونا إلى هذا اللون من السلوك والأخلاق الحميدة، يبين أن كل شاب يكرم شيخاً ضعيفاً لسنه وشيخوخته، فالله سبحانه وتعالى يرده إليه، فيهيء له من يكرمه إذا كبر سنه، مثل هذه العلاقة بين الصغير والكبير تخلق بينهما المودة، وتربطهما برباط الحب، فلا نفور ولا كراهية.

رعاية المرأة الحامل والمرضع

جاء الإسلام بمبادئ الرحمة والعطف لكل أفراده بما يكفل بقاء هذا المجتمع قائماً على كلمة الحق، ومحافظاً على أسس القرآن الكريم والسنة النبوية المطهرة ومبادئهما من خلال الاعتناء والعطف والرأفة بالحلم والمرضع. فبواجب الاعتناء بالطفل في الصغر عليه واجب الرعاية والتعامل باللطف واللين مع الأم الحامل والمرضع، قال تعالى: وَوَصَّيْنَا الْإِنسَانَ بِوَالِدَيْهِ إِحْسَانًا حَمَلَتْهُ أُمُّهُ كُرْهًا وَوَضَعَتْهُ كُرْهًا وَحَمْلُهُ وَفِصَالُهُ ثَلَاثُونَ شَهْرًا حَتَّى إِذَا بَلَغَ أَشُدَّهُ وَبَلَغَ أَرْبَعِينَ سَنَةً قَالَ رَبِّ أَوْزِعْنِي أَنْ أَشْكُرَ نِعْمَتَكَ الَّتِي أَنْعَمْتَ عَلَيَّ وَعَلَى وَالِدَيَّ [الأحقاف:15].

رعاية المطلقة والأرملة

نص الإسلام من خلال الأصول الاجتماعية والعلاقات الاجتماعية بين المسلمين على رعاية المرأة التي توفي عنها زوجها، وكل مسلم يسعى في معاملتها والإحسان إليها بالإنفاق، والعطف والرحمة. ويجتهد في عمل ما ينفعها له عند الله ثواب عظيم، وكذلك رعاية المطلقة التي انفسخت رابطة الزواج بينهما وبين زوجها، فيجب على المسلمين العطف والإنفاق عليها ويقول تعالى: وَمَتِّعُوهُنَّ عَلَى الْمُوسِعِ قَدَرُهُ وَعَلَى الْمُقْتِرِ قَدَرُهُ مَتَاعًا بِالْمَعْرُوفِ حَقًّا عَلَى الْمُحْسِنِينَ [البقرة:236] ورعاية المطلقات وحمايتهن وصيانتهن من الضياع والشقاء.

الوحدة وعدم التفرقة

يعتبر الإسلام المجتمع هو المسؤول الأول عـن صيانة وحدة أفراده مـن التصدع والانحلال، حيث إن للفرد داخل هذا المجتمع آداباً يجب عليه أن يتحلى بهـا، ولا بـد أن تكون تصرفاته مطابقة لما يرضى الجماعة، لأنه جزء لا ينفصم عـن كيان الأمـة، وعضو موصول بجسمها، لا ينفك عنها، فقد جاء الإسلام ودعاء الأفراد إلى الوحدة وعدم التفرقة، وإنما التجمع تحت راية واحدة وهي "لا إله إلا الله" وراية الإسلام الدين الواحد الـذي جاء إلى الناس كافة فقد قال تعالى: وَالْمُؤْمِنُونَ وَالْمُؤْمِنَاتُ بَعْضُهُمْ أَوْلِيَاءُ بَعْضٍ يَأْمُرُونَ بِالْمَعْرُوفِ وَيَنْهَوْنَ عَنِ الْمُنْكَرِ وَيُقِيمُونَ الصَّلَاةَ وَيُؤْتُونَ الزَّكَاةَ وَيُطِيعُونَ اللَّـهَ وَرَسُولَهُ أُولَئِكَ سَيَرْحَمُهُمُ اللَّـهُ إِنَّ اللَّـهَ عَزِيزٌ حَكِيمٌ [التوبة:71] فلا بـد أن يكون مجتمعاً متراحماً متعاضداً كالجسد الواحد في جميع المجالات الاجتماعية.

الوفاء بالعهود وبالعقود والمواثيق

إن الله سبحانه وتعالى قد لفت نظر المؤمنين إلى الوفاء بالعقود والعهود والمواثيق باعتبارها ركائز أساسية، أمر بالتمسك بها حتى يعيش الناس في حالة من الأمن والطمأنينة وحتى يكتمل هدف الله تعالى من خلال جعله خليفة لله تعالى في أرضه، والوفاء بهذه الأصول الاجتماعية الثلاثة خلق إنساني، ومطلب اجتماعي وأمر إلهي ذكر في آيات كثيرة من كتاب الله تعالى، وكما نص عليه النبي صلى الله عليه وسلم في أحاديث كثيرة فقال تعالى: وَأَوْفُوا بِعَهْدِ اللهِ إِذَا عَاهَدْتُمْ [النحل:91] وقال تعالى: وَأَوْفُوا بِالْعَهْدِ إِنَّ الْعَهْدَ كَانَ مَسْئُولًا [الإسراء:34] ومن ما ينبغي أن يعلم المسلم غيره من المسلمين به، الوفاء بالعهد، وإنجاز الوعد في كل أمر من الأمور، صغيراً كان أو كبيراً مما لا معصية فيه، فالمسلم عند وعده هذا وعهده ذاك، فإذا وعد شخص شخصاً آخر أن يقابله في وقت محدد فعليه الوفاء، وكذلك إذا أبرم مع شخص عهداً فعليه الوفاء بذلك العهد، لأن ما يميز المجتمع المسلم، الفرد والمسلم الملتزم من غيره من الفرد المنافق التزامه بالوعد والعهد والمواثيق، والالتزام بالعقود والمواثيق من خلال قوله تعالى: يَا أَيُّهَا الَّذِينَ آمَنُوا أَوْفُوا بِالْعُقُودِ [المائدة:1].

وقد وصل الأمر في الإسلام إلى حد أن الحاكم العام إذا كان بينه وبين عدوه عهد، وعلم أن عدوه خانه بإمارات يثق فيها فإنه يجب عليه أن يخبر العدو بأن العهد الذي بينهما صار منقوضاً وقال تعالى: وَإِمَّا تَخَافَنَّ مِنْ قَوْمٍ خِيَانَةً فَانْبِذْ إِلَيْهِمْ عَلَى سَوَاءٍ إِنَّ اللهَ لَا يُحِبُّ الْخَائِنِينَ [الأنفال:58].

ومدح الله تعالى سيدنا إسماعيل عليه السلام بأنه كان صادق الوعد فقال تعالى: وَاذْكُرْ فِي الْكِتَابِ إِسْمَاعِيلَ إِنَّهُ كَانَ صَادِقَ الْوَعْدِ وَكَانَ رَسُولًا نَبِيًّا [مريم:54]

وعدم الوفاء بالعهد أو العقد بدون مبرر شرعي حرام، ويعتبر خيانة وغدراً، وعلى المسلم الالتزام بهذا الأصل الاجتماعي، لأنه يورث نقاء المجتمع ويحداث الثقة والألفة بين المسلمين.

التعاون

للناس في الحياة أنماط شتى، فمنهم الغني والفقير والقوي والضعيف، والكبير والصغير، وكل صنف محتاج إلى الآخر، لذلك نجد أن دين الإسلام قد حث كل مسلم ومسلمة، بأن يجعلوا التعاون سمة معاملاتهم وصفتها، ويحث الإسلام المسلمين على زيادة تعاونهم في أعمال البر التي تنفع صاحبها في الدنيا والآخرة، وبقول الله تعالى: وَتَعَاوَنُوا عَلَى الْبِرِّ وَالتَّقْوَى وَلَا تَعَاوَنُوا عَلَى الْإِثْمِ وَالْعُدْوَانِ وَاتَّقُوا اللَّهَ إِنَّ اللَّهَ شَدِيدُ الْعِقَابِ [المائدة:2].

ومن المفرح في زماننا الحاضر الذي يؤدي إلى توثيق العلاقات الاجتماعية بين المسلمين من خلال معاونة بعضهم بعضاً، فكم من مرة رأيت من كانت له سيارة فيها (فضل ظهر) وعاد بها على غيره وكم من مرة رأيت من كان عنده فضل زاد وعاد به على غيره من المحتاجين وكم من مرة رأيت العلم يعلمون الناس في المدارس والمساجد وغيرها وكم مرة رأيت أهل الفضل، يعاونون اليتامى والفقراء والمساكين بصدقاتهم وهذا كله ما يؤدي إلى توثيق عُرى المحبة والألفة بين المسلمين.

الاستئذان في الدخول على بيوت المسلمين

نجد الإسلام حريصاً على تعميق العلاقات الاجتماعية بين المسلمين، على أسس قوية متينة ولذلك كان حريصاً على تهذيب النفوس وتربيتها، وفق نظام رباني كامل، فيه مراعاة جميع الظروف والأحوال، التي يكون عليها الإنسان وفيه اعتبار الحالات المختلفة، ووضع العلاج المناسب لكل حال. ومن هنا يجب على المسلم أن يعامل أخيه المسلم بأن يستأذنه إذا أراد الدخول عليه في منزله حيث يقول

تعالى: يَا أَيُّهَا الَّذِينَ آمَنُوا لَا تَدْخُلُوا بُيُوتًا غَيْرَ بُيُوتِكُمْ حَتَّى تَسْتَأْنِسُوا وَتُسَلِّمُوا عَلَى أَهْلِهَا ذَلِكُمْ خَيْرٌ لَكُمْ لَعَلَّكُمْ تَذَكَّرُونَ [النور:27].

واتباع طريقة الاستئذان الشرعية بأن يقول المستأذن، السلام عليكم أأدخل ثلاث مرات فإن أذن له أهل المنزل دخل وإن لم يأذنوا له رجع بطيب نفس، وبدون حرج لأن أهل المنزل قد تكون ظروفهم الخاصة غير ملائمة لدخول المستأذن عليهم في تلك اللحظة وقال تعالى: فَإِنْ لَمْ تَجِدُوا فِيهَا أَحَدًا فَلَا تَدْخُلُوهَا حَتَّى يُؤْذَنَ لَكُمْ وَإِنْ قِيلَ لَكُمُ ارْجِعُوا فَارْجِعُوا هُوَ أَزْكَى لَكُمْ وَاللَّهُ بِمَا تَعْمَلُونَ عَلِيمٌ [النور:28]. وإذا أتى المستأذن إلى المنزل، فلا يقف قبالة الباب ينظر إلى داخل المنزل إن كان الباب مفتوحاً، أو ينظر من خلال ثقوب الباب إن كان مغلقاً بل المطلوب فيه شرعاً أن يقف بأدب على جانب الباب وهناك حالات بينتها الآيات الكريمة في كيفية استئذان الأطفال الذين لم يبلغوا الحلم وقال تعالى: يَا أَيُّهَا الَّذِينَ آمَنُوا لِيَسْتَأْذِنْكُمُ الَّذِينَ مَلَكَتْ أَيْمَانُكُمْ وَالَّذِينَ لَمْ يَبْلُغُوا الْحُلُمَ مِنْكُمْ ثَلَاثَ مَرَّاتٍ مِنْ قَبْلِ صَلَاةِ الْفَجْرِ وَحِينَ تَضَعُونَ ثِيَابَكُمْ مِنَ الظَّهِيرَةِ وَمِنْ بَعْدِ صَلَاةِ الْعِشَاءِ ثَلَاثُ عَوْرَاتٍ لَكُمْ لَيْسَ عَلَيْكُمْ وَلَا عَلَيْهِمْ جُنَاحٌ بَعْدَهُنَّ طَوَّافُونَ عَلَيْكُمْ بَعْضُكُمْ عَلَى بَعْضٍ كَذَلِكَ يُبَيِّنُ اللَّهُ لَكُمُ الْآيَاتِ وَاللَّهُ عَلِيمٌ حَكِيمٌ [النور:58].

وهذا الاستئذان له آثار تربوية تتجلى باهتمام الإسلام بتنظيم حياة الناس، تنظيماً فيه الرحمة ورفع الحرج والضعف، وفيه الأدب الرفيع والسمو الذي لا مثيل له، وهذا الأصل الاجتماعي يحفظ الأعراض، ويطبق نظم الإسلام وتعاليمه لنرى الناس بأرفع الآداب وأسمى النظم وأجمل حياة تجاه الله سبحانه وتعالى وتجاه المسلمين ككل.

الفصل الخامس

مناقشة النتائج والتوصيات

ويتضمن هذا الفصل مناقشة النتائج والتوصيات، التي توصل إليها الباحث، وستتم المناقشة بربط النتائج بالواقع الاجتماعي المعاش والأدب النظري والدراسات السابقة.

أولاً: مناقشة النتائج المتعلقة بالفرع الأول من سؤال الدراسة.

نص الفرع الأول من سؤال الدراسة: "ما أهم معالم نظرة الإسلام للسلوك الفردي من حيث المقبوض والمرفوض؟".

ومن خلال عرض النتائج المتعلقة بالفرع الأول من سؤال الدراسة، تمت الإجابة عن هذا الفرع، والذي تبين من خلاله الأصول الاجتماعية، المتعلقة بالسلوك الفردي في التربية الإسلامية، ومن الملاحظ قبل البدء بمناقشة نتائج هذا الفرع، ارتباط مفاهيم الأصول الاجتماعية، بعضها ببعض، وتداخلها بشكل كبير، والسبب أن هذه الأصول نهلت من ينبوع واحد، ألا وهو كتاب الله تعالى الذي لا يأتيه الباطل من بين يديه ولا من خلفه، وسنة نبيه الصحيحة، والتي جاءت موضحة للآيات القرآنية الكريمة، وجاءت نتائج هذا الفرع من سؤال الدراسة متفقة في بعض جوانبها مع الأدب النظري، والدراسات السابقة.

أولاً: توصلت الدراسة إلى أن هناك أصولاً اجتماعية يمارسها الفرد المسلم كانت إيجابية.

– أما فيما يتعلق بالأصول الاجتماعية التي يمارسها الفرد المسلم وكانت إيجابية، سواء تجاه الله سبحانه وتعالى، أو تجاه الناس من خلال المعاملات المالية فكانت كالتالي: بر الوالدين من خلال أطاعتهما بالمعروف والإحسان إليهما،

– والدعاء بالمغفرة لهما، وهذا يتفق مع ما ذهب إليه سعود (1991) في الأدب النظري، والصدق والأمانة والوفاء بالعهد، وكلاهما يؤدي إلى تهذيب شخصية الفرد ويزيد الثقة والمحبة بين الناس والتلاحم والتواد فيما بينهم، ويتفق هذا مع ما ذهب إليه الحسيني (1978) والزحيلي (2002)، والدجوي (1997)، في الأدب النظري وكذلك هناك أصول اجتماعية تتمثل في شخصية الفرد من الأدب والحلم، والصدق، والحياء، والتواضع، والصبر، والعفو، والاقتصاد، والعدل، والعفة، والمودة، والمشورة، والإيخاء، والتعاون، والرفق، والأمانة، والكرم، والأمر بالمعروف، والنهي عن المنكر، والإحسان، والشكر، والإخلاص، والأمل، والاستقامة والاعتدال. كل هذه الأصول الاجتماعية تبعث في شخصية المسلم الرفعة والعزة والكرامة، فبهذه الأصول والأخلاق النابعة من كتاب الله وسنة نبيه الكريم، بحيث يصل الإنسان إلى قيمته كإنسان كرمه الله تعالى وخلقه في أحسن تقويم وأحسن صورة، وتؤدي به إلى أن يصبح المجتمع المسلم متراحماً متعاطفاً كالجسد الواحد، وكالبنيان المرصوص، وكالنسيج المتماسك. وهذا يتفق مع ما ذهب إليه الغزالي، (1980)، وعيسى (1985)، العوا (1983)، أبو علي مكسوية (1966)، ابن حزم (1978)، رجب (1998)، يالجن (1973)، عقلة (1986)، موسى (1994)، شحاتة (2003)، حاتم (1995)، خشبة (1991)، اللآري (1989)، العبادي (1983)، عبد الباقي (1986)، القرضاوي (1995)، أمين (1969)، زقزوق (1980)، عبد اللطيف (1993)، قبلان (1981) في الأدب النظري، حيث أشاروا إلى الأصول الاجتماعية الإيجابية والحث عليها.

فإن هذه الأصول الاجتماعية مهمة في المعاملات الاجتماعية المنبثقة من التربية الإسلامية وتؤدي بالمسلم إلى أن يعطف ويرحم أخاه المسلم، ويتمسك بأوامر الله تعالى من الرحمة، والعطف، والتعاون، والإخلاص والإحسان، والشورى، وهذه

نتيجة تتفق مع دراسة مفرج (1999)، حيث بينت أن العلاقات الاجتماعية بين المسلمين تتسم بجو من المحبة والعطف والمودة.

وكذلك تتفق مع دراسة بني عيسى (2001)، حيث بينت أثر العدل في العلاقات الاجتماعية بين المسلمين، وأنه يغرس في شخصية الفرد الشعور بالأمن والمحبة لأخيه المسلم، ويتفق مع ما أشار إليه بدارنة (2001) في دراسته التي بينت المبادئ التربوية في سياق القرآن الكريم في مجالات الخلق والتوحيد، والعلم، ومجال الأساليب العلمية، ووحدة الأمة، والمجال الفكري، ويتفق مع ما ذهب إليه العياصرة (2000) في دراسته التي بين فيها أثر الشورى في الإسلام وأنه يوصل إلى الرأي السديد السليم، وتتفق هذه النتيجة مع دراسة موسى (2002) حيث بينت المفهوم الصحيح للرفق كما ورد في القرآن الكريم والسنة النبوية ولتعكس آثار الرفق على الفرد والمجتمع، وتتفق هذه النتيجة مع دراسة العلي (1999). والتي بينت أبرز سمات الشخصية الإسلامية في ضوء الكتاب والسنة من الرحمة، والأمانة، والصدق، والوفاء، والتواضع. وتتفق مع دراسة أبو عليم (1999) حيث بينت القيم الأخلاقية في سورة يوسف ومدى اكتسابها وممارستها، وتتفق مع دراسة العصيمي (1987) التي بينت خطة الإسلام في ضمان الحاجات الأساسية، وضمان الكفاية من الحاجات الأساسية.

وكذلك تتفق مع دراسة اليبرودي (1997). حيث بينت قيمة الوقت في التربية الإسلامية والاهتمام بالزمن والوقت من خلال نصوص الكتاب والسنة النبوية.

ثانياً: توصلت الدراسة إلى أن هناك أصولاً اجتماعية مارسها الفرد المسلم وكانت سلبية وجاءت في كتاب الله وسنة رسوله الكريم (الفرع الثاني).

هناك أصول اجتماعية مارسها الفرد المسلم وكانت سلبية هي تتعلق بمعاملة الناس بعضهم ببعض من خلال قتال طائفة مؤمنة مع أخرى، والتنابز بالألقاب والسخرية، وسوء الظن والتجسس، وتطفيف الكيل والميزان، وقول الزور والشهادة به، والفسق، والفحش، والتنادي في الإثم والعدوان، والتكبر والخيلاء، والكذب، والنفاق، والغيبة، والنميمة، والبخل، الغضب والحقد والبغض، الحسد، والرياء والمداهنة. وهذه الأصول الاجتماعية السلبية أدت إلى تقطيع أواصر المحبة والمودة بين المسلمين، وإشاعة الفساد والحقد والبغيضة في المجتمع المسلم، وإلى تفتيت التلاحم والتماسك بين أفراده وتؤدي بهذا المجتمع إلى تخلخل أركانه وتزعزع عقائده وتفرق أفراده، وهذا ما ذهب إليه الأنصاري (1993) في الأدب النظري حيث بين أن هناك أنماطاً سلوكية يمارسها الفرد المسلم بعيدة عن الأصول الاجتماعية للتربية الإسلامية ويتفق مع ما ذهب إليه المطهري (1991) في الأدب النظري حيث أن هناك ممارسات في سلوك الفرد المسلم يتخللها سوء الظن والتجسس والغيبة والنميمة والحسد وتتفق هذه النتيجة مع ما ذهب إليه المشوخي (1982) في الأدب النظري حيث بين أن هناك عادات وأصولاً اجتماعية سلبية ترتبط بسلوك الفرد المسلم كالنفاق وإفشاء السر والغيبة وذهب إلى هذه النتيجة فخري (1978) والغفنان (1992) في الأدب النظري.

وتختلف مع ما ذهب إليه داليه (1988) في دراسته حول الإصلاح الاجتماعي في تفسير المنار حيث بين مواطن الإصلاح الاجتماعي في تفسير المنار وتطبيقه على المجتمع، ومناقشة بعض القضايا الاجتماعية السائدة في المجتمع، وتتفق نتيجة البحث مع دراسة النجداوي (2003) حيث بينت ارتباط الجريمة بالبطالة والمشكلات السائدة في المجتمع الأردني.

ثانياً: مناقشة النتائج المتعلقة بالفرع الثالث من سؤال الدراسة؟

نص الفرع الثاني من سؤال الدراسة: "ما أهم معالم نظرة الإسلام للسلوك الأسري من حيث المقبول والمرفوض"؟.

أولاً: هناك أصول اجتماعية تتعلق بواجب الأب تجاه الأبناء، وأوضحت نتائج الدراسة بأن هناك حقوقاً للأبناء على الآباء من أهمها: اختيار الأم الصالحة، فقد دلت الآيات القرآنية أن من أراد الزواج عليه بالمؤمنات الصالحات، وهذا ما ذهب إليه مرعي (1979) في الأدب النظري حيث بين أن من حق الطفل أن يختار والده الأم الصالحة له. وكذلك ذهب إليه (حمودة وعساف، 2000) بالأدب النظري ذلك أن من حقوق الأولاد تكون قبل الولادة اختيار الأم الصالحة أما فيما يتعلق باختيار الاسم المناسب للطفل فقد حث الرسول صلى الله عليه وسلم على اختيار الاسم الحسن وأن يجعل له اسماً كريماً يميزه عن غيره و الله تعالى قد سمى بعض الأنبياء وعلم آدم الأسماء كلها وهذا ما ذهب إليه رمضان (1998) في الأدب النظري حيث بين أن هناك حقوقاً للأبناء منها اختيار لهم أحسن الأسماء وكذلك يتفق مع ما ذهب إليه الخيار (1997) في الأدب النظري حيث أشار إلى أن أول عمل يقوم الوالد به عند قدوم الطفل الأذان في أذنيه واختيار اسم جميل له يُدعى به. وفيما يتعلق بثبوت النسب، والعقيقة، والتحنيك، والتسمية، والآذان في أذنيه، والنفقة والحضانة والرعاية، والولاية والميراث كلها حقوق جاء بها الإسلام وحث عليها والزم الأب والأم بالقيام بهما تجاه الأبناء وهذه واجبات مترتبة على الآباء في كتاب الله وسنة رسوله الكريم للأبناء بالمحافظة عليهما من قبل الولادة والوضع والحضانة والتنشئة فالرعاية، وهذا ما ذهب إليه كل من عامر (1984)، عمارة (1992)، وابن عاشور (1988)، والكردي (1986)، وخلاف (1990) وشلبي (1983)، والسلمان (1992) ومرهج (2001) في الأدب النظري، والمقوسي (1997) في دراسته حيث بينوا أن هناك حقوقاً للطفل كالتأذين في أذنيه والعقيقة

والتحنيك حتى تنشئته واختيـار الاسـم الحسـن لـه وتربيتـه، والرعايـة التامـة لـه وتعليمه والحضانة له، وتتفق مع دراسة الشرقاوي (1998) حيث بينت أسس وأخلاقيات التعليم في ضوء أهداف التربية الإسلامية والتركيز على واقع تعليم الطفل وواجب الرعاية والعطف على الطفل، وتتفق نتيجة البحث مع دراسة عبابنة (2001) حيث بينت منهج التربية المعرفية للأطفال في الإسلام وحق تعليم الأطفال في ضوء التربية الإسلامية والرحمة والعطف والرعاية للطفل وتتفق مع دراسة الحجاج (1998) حيث بينت أنمـاط التنشئة الأسرية، والمستويات الاجتماعية والاقتصادية السائدة من حيـث تنشـئة الفـرد بالرعايـة والعطف والحنان، وعلى كتاب اللـه وسنة نبيه الكريم.

ثانياً: فيما يتعلق بواجب الأبناء تجاه الوالدين، أوضحت نتـائج الدراسـة أن للآبـاء على أبنائهم حقوقاً يجب على الأبناء إيفائها للآباء وأهمهـا: بـرهما وإكرامهما وطاعتهما والإحسان إليهما لذلك جاءت القرآنية والأحاديث النبوية تدعو إلى بر الوالدين والتحذير من العقوق والإساءة لهما بـالقول أو الفعـل وهـذا مـا ذهـب إليـه اليعقـوبي (1981) في الأدب النظري حيث بين أن للوالدين في الإسلام مكانة عظيمة، ومنزلة رفيعة وعلى الأبناء برهما وطاعتهما والإحسان لهما ومن فضائل برهما مغفرة الذنوب، وهو موجب لـدخول الجنة وزيادة في العمر والرزق، وكذلك ذهب إلى هذه النتيجـة الأسـد (1995)، وعفيفـي (1983)، والخولي (1993)، وأبو حوسـة (1988) في الأدب النظري حيث بينـوا أن للآبـاء حقوقاً على الأبناء من البر بهما وإكرامهما وطاعتهما بالمعروف والإحسان إلـيهما والتـودد والمحبة لهما، وتتفق هـذه النتيجـة مـع دراسـة (العمـري، 1998) التـي بينت العوامـل الاجتماعية الأسرية المؤثرة والتي تحكم علاقـة الأب والأم والأبنـاء كـل مـنهما مـع بعضـه البعض داخل الأسرة.

أما فيما يتعلق بطاعة الوالدين في غير معصية فقد أوجب اللـه تعالى على الأبنـاء طاعة آبائهم وهذا ما ذهب إليه العزيزي والعبادي والخطيب (1994) في

الأدب النظري حيث بين أنه للآباء حقوقاً على الأبناء وكذلك عليهما إطاعتهما في غير معصية الله تعالى وكذلك فيما يتعلق بالدعاء لهما بالمغفرة، وإكرام صديقهما وصلة الرحم التي لا توصل إلا بهما، وهذا ما ذهب إليه القطارنة (1998)، سلامة (1993)، صالح (1980)، والعكك (2000). في الأدب النظري حيث بينوا أن هناك للآباء والوالدين حقوقاً أثناء حياتهم، ببرهما والإحسان لهما وطاعتهما بالمعروف ومصاحبتهما بالمعروف، وبعد موتهما بالدعاء لهما بالاستغفار وإكرام صديقهما وصلة رحمهما، وتتفق هذه النتيجة مع دراسة الزيوت (2002) حيث بينت أن من حقوق الوالدين الإحسان لهما بالرعاية والرحمة واللطف والكلام اللين.

ثالثاً: وهناك أصول تتعلق بواجب الزوج والزوجة تجاه الآخر.

أولاً: واجب الزوج تجاه الزوجة، وأشارت النتائج إلى ضرورة أن يجعل الزوج للزوجة مهراً ولم يحدد الله عز وجل قيمة المهر بل جعله مطلقاً ولا يجوز للرجل أن يقسط المهر لأنه حق أثبته الله للزوجة على الزوج، وهذا ما ذهب إليه عقلة (1982) في الأدب النظري حيث بين أن للزوجة على زوجها في إعطاءها حقها في المهر كاملاً وهو حق لها.

كما جعل الإسلام من حق الزوجة النفقة من قبل الزوج عليها وعلى أبنائها من مأكل ومشرب وملبس... الخ وهذه النفقة حسب طاقة الزوج وقد أباح الإسلام للزوجة أن تأخذ من مال زوجها إن لم ينفق عليها، وقد ذهب إلى ذلك الحليبي (1994) في الأدب النظري حيث بين أن للزوجة حقوقاً على الزوج ومنها النفقة وتأمين لها المأكل والملبس والمشرب وتتفق هذه النتيجة مع دراسة العيسى (2001) حيث بينت المبادئ التربوية للأسرة في ضوء التربية الإسلامية حيث أشارت إلى المبادئ التربوية لحقوق الزوجة على زوجها، ومنها تكفل الزوجة والأبناء بالنفقة والرعاية وتأمين المأكل والملبس والمشرب بهما.

كما أبرزت النتائج أهمية العدل في الحياة الزوجية، وإنه أساس التعامل بين الأزواج، والعدل واجب على الزوج لزوجته، من المأكل والمشرب والملبس والمبيت، ولا يدخل الميل القلبي ضمن العدل وهذا ما ذهب إليه حسين (1976) والحسيني (1979)، وعقلة (1982) في الأدب النظري الذي بينا أن العدل أحد المبادئ التربوية وهو أحد الأصول الاجتماعية بين الزوجين التي تقوم عليها الحياة الزوجية من أجل الاستمرار فيها وتحقيق المقصود منها وإن الله تعالى أوصى بالعدل مع الزوجة في النفقة والكسوة، وتتفق هذه النتيجة مع دراسة بني عيسى (2001) حيث بينت جوانب العدل في التربية الإسلامية، حيث أشارت إلى تحقيق العدل بين الزوجين داخل الأسرة.

كما أبرزت النتائج أنه لا بد أن يحقق الزوج داخل الأسرة جواً من المحبة والألفة والاجتماع، والمعاشرة بالمعروف والمحافظة على شرفها وكرامتها وحق الزوجة في الطلاق وهذا ما ذهب إليه الزحيلي (1997)، والأسد (1995)، وبدران (د. ت)، والكرمي (2000) في الأدب النظري حيث بينوا أن للزوجة على زوجها حقوقاً، من حيث إشاعة المحبة والألفة داخل البيت، وعدم إفشاء سرها، والمعاشرة بالمعروف ومعاملتها برفق وحق الزوجة في الطلاق وحق الزوجة في الميراث وتتفق هذه النتيجة مع ما ذهب إليه خذيري (2002) في دراسته حيث أشار إلى المقاصد الشرعية المتعلقة بالأسرة ووسائلها وأشار من خلال تأدية كل من الزوجية الحقوق والواجبات فإن ذلك يؤدي إلى إفراز أسرة مسلمة هي النواة الأولى للمجتمع الصالح.

ثانياً: واجب الزوجة تجاه زوجها، أكدت نتائج الدراسة على أهمية مراعاة الزوجة لحقوق زوجها فكما أن للزوجة على زوجها حقوقاً فكذلك للزوج حقوق على زوجته، ويجب أن تؤدي له تلك الحقوق، حيث أظهرت نتائج الدراسة أنه ينبغي على الزوجة أن تطيع زوجها فيما ليس فيه معصية لله تعالى وأنه يجب على

الزوجة أن تطيع زوجها حتى في صوم النفل، وعليها إطاعته إذا دعاها إلى فراشه وأن لا تدخل بيته من يكره وهذا ما ذهب إليه حجازي (1969) في الأدب النظري حيث بين بأن للزوج على زوجته حقوقاً من خلال الطاعة له في غير معصية ولا تعبس في وجهه، ولا تأكل ما يتأذى بريحه. وتتفق هذه النتيجة مع دراسة رزاز (1994) حيث بينت طاعة الزوجة لزوجها بين الحق والواجب في الشريعة الإسلامية وهو حق للزوج وأوضحت نتائج الدراسة أن من حق الزوج على زوجته القوامة حيث جعل الله سبحانه وتعالى القوامة بيد الرجل لأنه أكثر صبراً وقدرة على تحمل أعباء الحياة لأن المرأة عاطفية أكثر من الرجل، فقد تحكم على الأمور بعاطفتها دون عقلها، وأن الرجل هو الذي يقوم بالإنفاق على البيت ودفع المهر وهذه النتيجة تتفق مع ما ذهب إليه الخولي (1980) في الأدب النظري حيث أن للزوج حق القوامة حيث إنه يفكر بعقلانية في حل الأمور ولا يكون هناك مجال للفوضى والانحلال، وأوضحت نتائج الدراسة في أنه من حق الزوج على زوجته المحافظة على بيته وأبنائها وتعليمهم وتربيتهم وتتفق مع منهج الإسلام الشامل وهذه النتيجة تتفق مع ما ذهب إليه القضاة (2002) في الأدب النظري حيث أشار إليه أن على الزوجة المحافظة على بيت زوجها وأبناءها والتربية والتعليم لأبنائها وتتفق هذه النتيجة مع ما ذهب إليه أحمد (1999) في دراسته حيث بينت أن عدم تعليم الطفل يؤدي إلى العنف الأسري مما يؤدي إلى انحلال المجتمع بأفراده وجماعاته.

وبينت نتائج الدراسة أن للزوج حق التأديب لأن الله تعالى جعل للرجل ولاية التأديب وهو حمل المرأة على إقامة شرع الله تعالى إن امتنعت عن القيام بحقوق الله وحقوق الزوج ويكون كما يلي: التأديب بالكلمة الطيبة ووعظها بالنصيحة، والهجر بالمضاجع، والضرب شرط أن لا يكون مبرحاً وأن لا يترك أي أثر. وهذه النتيجة تتفق مع ما ذهب إليه الدسوقي (1986) في الأدب النظري حيث بين أن من حقوق الزوج على زوجته في حالة نشوزها التأديب والوعظ والإرشاد والضرب

غير المبرح وهي وسائل شرعية حتى تكون الأسرة مثالاً يحتذي بها, وكما تتفق هذه النتيجة مع ما ذهب إليه إمام (1998)، والقطارنة (1998)، والزلمي (1984) في الأدب النظري حيث بينا أن للزوج على زوجته إذا نشزت بعض الوسائل في ردعها ومنها: الهجر والوعظ والإرشاد، والتأديب والضرب غير المبرح. وهذه النتيجة تتفق مع نتيجة دراسة الخصاونة (2001) حيث بينت دور المرأة في المجتمع بما تعكسه وأنها المربية الأولى وهي تخرج الأجيال ويقع على عاتقها التربية والتعليم للطفل.

وأوضحت نتائج الدراسة أن على الزوجة عدم التبرج وعدم الاختلاط مع الأجانب، وإشاعة المحبة والرحمة والمودة داخل الأسرة حتى تكون أسرة متحابة متراحمة، وهذا ما ذهب إليه حسن (1981) والغرياني (1992)، وإمام (1998) في الأدب النظري حيث بينا أن من أسس تمتين العلاقات الزوجية داخل الأسرة على الزوجة عدم التبرج والإقرار في بيت الزوجية وإشاعة جو من الرحمة والعطف داخل الأسرة كما يجب على عاتقها الرحمة بالصغار وتربيتهم وتعليمهم من كتاب الله وسنة رسوله الكريم وهذا يتفق مع نتيجة دراسة بني عطا (1995)، حيث بينت أثر الخصائص الاجتماعية والاقتصادية على اتجاه الأسر من خلال فحص العلاقة بين الزوجين.

رابعاً: علاقات الأبناء مع بعضهم البعض داخل حدود الأسرة:

أكدت نتائج الدراسة على أهمية صون العلاقات الأخوية بين الأفراد، لما للأخوة من آثار طيبة من خلال العلاقة الحميمة والحسنة بين الأبناء داخل الأسرة، ويتكرس ذلك عن طريق المحبة والتعاون، والإيثار والتضحية والمودة والعطف، وتتفق هذه النتيجة مع ما ذهب إليه الماوردي والسقا وسكر (1988). في الأدب النظري حيث بينوا وجوب العلاقة الحميمة بين الأبناء من خلال تلاصق الأخوان وتماسكهم فيما بينهم داخل الأسرة، وتتفق مع ما ذهب إليه المشكييني (1991) في الأدب النظري حيث بين أنه لا بد أن تكون العلاقة بين الأبناء داخل الأسرة

كالجسد الواحد، وتؤدي إلى إشاعة المحبة والطمأنينة والمداعبة الحسنة بين أفراد الأسرة والأبناء.

وأوضحت نتائج الدراسة أهمية عدل الوالدين بين الأبناء، حتى لا يتميز أحدهما على الآخر في المعاملة، والنفقة والعطايا وهذا ما يؤدي إلى عدم تماسك العلاقة بين الأبناء وبالعدل تقوى هذه العلاقة وتصبح متماسكة.

وتتفق هذه النتيجة مع ما ذهب إليه المولى بك (1936) في الأدب النظري حيث بين أن العدل بين الأبناء يجعل الحياة الأسرية مفعمة بجو من العطف والحنان والمودة. وبينت نتائج الدراسة أهمية تعاون الأبناء داخل الأسرة من ذكور وإناث، وتعليم الأبناء المبادئ التربوية المنتقاة من القرآن الكريم والسنة المطهرة، وإشاعة الرحمة والعطف والمودة بين الأبناء داخل الأسرة وهذه النتيجة تتفق مع ما ذهب إليه إسماعيل (1982)، والعزيزي والعبادي والخطيب (1984)، والحليبي (1994)، في الأدب النظري حيث بينا أهمية التعاون في الحياة الأسرية، وواجب الوالدين تعليم أبناءهم وتربيتهم وفق الأصول الاجتماعية للتربية الإسلامية مما يؤدي إلى إشاعة جو من العطف والرحمة والتفاؤل داخل ثنايا الأسرة.

وأكدت نتائج الدراسة على أهمية محبة الأخ لأخيه داخل الأسرة محبته لنفسه والإيثار على حبه لنفسه، وإعطاءه العطايا وتفقده في حالة السرور والكره والوقوف إلى جانبه في كل المحن والظروف ونصرته ظالماً أو مظلوماً وفق منهج الإسلام السمح وتتفق هذه النتيجة مع ما ذهب إليه الزناتي (1984) وفائز (1980) في الأدب النظري حيث بينا أنه لا بد للأخ من الوقوف إلى جانب أخيه في السراء والضراء، وتفقده بالهدايا والعطايا وإيثار محبة أخيه على نفسه، والعون والمساعدة للأخ في كل الأحوال والظروف.

ثالثاً: مناقشة النتائج المتعلقة بالفرع الرابع من سؤال الدراسة:

نـص الفـرع الأول مـن سـؤال الدراسـة: "مـا أهـم معـالم نظـرة الإسـلام للعلاقـات الاجتماعية بين المسلمين"؟.

وأكدت نتائج الدراسة على أهمية العلاقات الاجتماعية بين المسلمين على اعتبار أن لها الأثر الطيب في المحافظة على كيان الأمة من الضياع والانحلال، وجعل الأمة متمسكة بالتراث الإسلامي المنبثق من القرآن الكريم والسنة المطهرة، وتنطلق العلاقات الاجتماعية بين المسلمين من خلال التعامل فيما بينهم كصلة الرحم. التي جعل اللـه فيها اجراً كبيراً من حيث الزيادة في العمر والبركة والزيادة في الرزاق وهذه النتيجة تتفق مع ما ذهب إليه الهزايمة (1997)، وأيوب (1983) في الأدب النظري حيث بينا حرص التربية الإسلامية على تنمية العلاقة بين الفرد المسلم وبين أقاربه وأرحامه وبينت الدراسة أنه لا بد أن تتسم هذه العلاقة بالبر والإحسان للأرحام وأن تكون صلة الرحم وصلة الأقارب بمشاركتهم أفراحهم وأحزانهم وسداد دينهم، وإغاثة الملهوف منهم، وتتفق هذه النتيجة مع ما ذهب إليه الجوابرة (2002) في دراسة (المرويات الواردة في صلة الرحم) وأوضحت نتائج الدراسة أهمية العلاقات الاجتماعية التي تؤدي إلى تماسك المجتمع بأفراده من خلال الإحسان إلى الجار، ومشاركته أفراحه وأحزانه والصلة بالإنفاق على الجار والتودد إليه، والصبر على أذاه، وتقديم الهدايا والسماح له باستخدام جداره، والمحافظة على حرماته وعدم الاعتداء عليه وعلى أهله بالقول أو بالفعل وتتفق هذه النتيجة مع ما ذهب إليه القرطبي (1993) ورضا (1973) في الأدب النظري حيث بينا فضل الإحسان إلى الجيران في حفظ الأمة الإسلامية. وتماسكها ومن مظاهر الإحسان إلى الجيران حسن المعاملة والعشرة للجار، ومواساته في أحواله، ومشاركته في أفراحه وأحزانه، والتزاور، والمساعدة، والتعاون، وتقديم الهدايا والعطايا للجار، والتحابب والتودد وتعهد الجار بالزيارة والعيادة إذا مرض وتتفق هذه النتيجة مع نتيجة دراسة

أبو زيد (1991) حيث بينت مواطن الأمن الاجتماعي من منظور القرآن الكريم والوقوف على ملامح هذا الأمن الاجتماعي مما يكون لها أثر على الفرد وعلى الجماعة من خلال الوقوف على المقاصد الشرعية من الضرورات والحاجيات، والتحسينات، وأكدت الدراسة على أن هناك الكثير من العلاقات الاجتماعية التي تؤدي إلى تماسك المجتمع وتحقيق أهدافه ومبادئه وفق أصول الدين الإسلامي المستقاة من القرآن الكريم والسنة النبوية المطهرة من حيث الإحسان إلى الأصحاب وحسن معاملتهم بلطف وعزة وتراحم، والإحسان إلى الزوجة باللطف في التعامل، والكلمة الطيبة، وإعطاء المهر إلى الزوجة والصداق كاملين والرحمة بهن، وهذا يتفق مع ما ذهب إليه الغزالي (1994)، ومبيض (1982)، وقطب (1988) في الأدب النظري حيث بينا أن سبل تعميق العلاقات الاجتماعية من خلال الإحسان إلى الأصحاب والتلطف في معاملتهم وتفقدهم بالهدايا والعطاياً، والإحسان إلى الزوجة بالكلمة الطيبة والمعاملة بلطف مراعياً رقتها والرحمة لها، وتأمين المأكل والمشرب والمبيت والملبس بما في ذلك النفقة وتتفق هذه النتيجة مع ما ذهب إليه الرميضي (1991) في دراسته حيث بين خصائص الأمة الإسلامية كما يصورها القرآن الكريم وبيان صفات الأمة الإسلامية وفق ما جاء في القرآن الكريم من الإحسان والألفة والمحبة والكلام الحسن والرحمة والعطف والحنان.

وأوضحت نتائج الدراسة أهمية الإحسان إلى اليتامى وإبوائهم، وإطعامهم والتصدق عليهم بالمال، وإصلاح أمرهم، والحفاظ على مالهم، والمحافظة على نفسيتهم، والإحسان إلى يتيمة النساء، وإطعام المسكين وإعطاءهم حقهم والبر بالمسكين وصرف صدقة التطوع للمسكين، كل هذا يؤدي إلى العلاقات الاجتماعية وحمايتها من الضياع والانحلال.

وأكدت نتائج الدراسة على أهمية الأخوة الإسلامية ودورها في تماسك العلاقات الاجتماعية مثل: حب الخير للمسلمين وترك إيذاء المسلمين ونصرة

المظلومين والمستضعفين وستر عورات المسلمين، وإجابة دعوة المسلم ومراعاة آداب التعامل في مختلف المعاملات من خلال عدم البيع على بيع أخيك وعدم التناجش، والمعاودة للأخ إذا مرض والمشورة والشورى وتعهد المسلم بالزيارة، والإصلاح بين الناس وإكرام الضيف ورعاية أبناء السبيل والكفالة ورعاية الشيخوخة ورعاية المرأة الحامل والمطلقة والوحدة وعدم التفرق والوفاء بالعهود والمواثيق والتعاون والاستئذان، كل هذه العلاقات الاجتماعية جعلت هناك أمة مسلمة متماسكة ومرتبطة برباط القرآن الكريم والسنة النبوية المطهرة، وتتفق هذه النتيجة مع ما ذهب إليه ابن مفلح (1996) والقسطلاني (1996)، ورفعت (د. ت)، والعبادي (1996) وابن العثيمين (1993) في الأدب النظري حيث بينا أن العلاقات الاجتماعية بين المسلمين مهمة وجاء الإسلام واهتم بما يحقق تماسك المجتمع عن طريق الأخوة الإسلامية ومن مظاهره: حب الخير للمسلمين ومراعاة آداب الزيارة والضيافة وذلك بمؤانسة الضيوف وإظهار السرور لهم، ومراعاة آداب الحديث والاستماع، وتبني هموم المسلمين والرحمة والتعاون في المعاملة ومراعاة آداب التعامل في الخطبة والبيع وعدم التناجش، والإصلاح بين الناس والاستئذان في الدخول على البيوت والمعاودة للأخ إذا مرض والدعوة إلى الوحدة وعدم التفرقة، ورعاية الشيخوخة ورعاية الحامل والمطلقة كل هذا أدى إلى نسيج متراحم متعاطف، تجمعه الرابطة الإسلامية من الأخوة الإسلامية وتتفق هذه النتيجة مع ما ذهب إليه الهزايمة (1997) في دراسته حيث بينت دور التربية الإسلامية في بناء العلاقات الاجتماعية، في ضوء السنة النبوية وأشارت إلى العلاقات الاجتماعية التي تؤدي إلى توطيد العلاقة بين المسلم وأخيه المسلم من التعاون، والتراحم، والإصلاح بين الناس، والتزاور، وآداب الضيافة وآداب الحديث والاستماع والبر والإحسان وحسن عشرة الأخ المسلم ومعاملته بلطف، وبكلام جميل والبشاشة في وجه وتتفق هذه النتيجة مع ما ذهب إليه العلي (1999) في دراسته حيث بينت صفات

الشخصية الإسلامية في ضوء الكتاب والسنة وأن شخصية المسلم تتسم بالرحمة والعطف والتعاون والولاء والاستقلالية والشعور بالعزة والحرية والمسؤولية والاستعلاء لله تعالى.

وأخلص إلى القول

لقد كشفت نتائج الدراسة عن الأصول الاجتماعية للتربية من منظور إسلامي التي تمكن الباحث من الكشف عنها في كتاب الله تبارك اسمه، وسنة رسوله الكريم، وما أحوج مسلمي اليوم إلى التمسك بهذه الأصول الاجتماعية، والتي هي سبيلهم الوحيد في النهوض ونفض غبار الركود والتخلف في العلاقات الاجتماعية بين المسلمين، وهي سبيلهم لتحقيق هدفهم الدنيوي والأخروي في إقامة العلاقات الاجتماعية المتماسكة بين المسلمين، وإقامة مملكة الإسلام في الأرض، ولتحقيق مطلبهم الأخروي الأقصى ـ في رضا الله تعالى لنيل الدخول إلى الجنة.

التوصيات

في ضوء نتائج الدراسة يوصي الباحث بما يلي:

1. ينبغي على المسلم مراعاة الأصول الاجتماعية والمبادئ التي تقوم عليها والتي تؤدي إلى فرد صالح للأسرة وللمجتمع والتحلي بالتواضع والإخلاص والأخلاق الكريمة.

2. المسلم الحق ينبغي أن يمثل بتصرفه وسلوكه ومظهره الإسلامي الحنيف لـذلك يحبذ أن يكون كيساً وديعاً ودوداً معاشراً متعففاً محباً للناس.

3. تنمية الوعي الحسي والذوق السليم لدى الزوج والزوجة من خلال تعويدهم على حسن التعامل مع بعضهم البعض ولذلك للممارسة والتطبيق وتنمية فكر الـزوجين وتكريس مبدأ العدل بين الزوجين والرحمة والعطف.

4. ضرورة العناية بالتربية الدينية في نفس الفرد والأسرة والمجتمع لتأصيل أسـس العلاقات الاجتماعيـة بين المسـلمين وإشـاعة أواصر الأخـلاق والـذوق الرفيـع بـين أفـراد المجتمع ككل مما ينتشر الأمن والسلام والأمان.

5. أن على الأمة أن تلتزم بالعلاقات الاجتماعية، لتحصـين المجتمـع مـن الضـياع والانحلال، والمحافظة عليه بالتواصل والإحسـان والأعـمال الخيرية مـن الاعتنـاء بالأيتـام والمساكين وأبناء السبيل عن طريق إنشاء جمعيات خيرية، ترعى هـؤلاء الفئـات والقيـام بإنشاء دور لرعاية أبناء السبيل والمساكين وتعهدهم بالكفالة والنفقة بموجب جهات حكومية للاعتناء بالشيوخ والأرامل والضعفاء وإنشاء الحكومة دائرة تهتم بـأمور المظـالم مرتبطة مع رئيس الوزراء مباشرة.

المصادر والمراجع

- القرآن الكريم
- السنة النبوية الشريفة.
- إبراهيم، معوض (1983). الإسلام والأسرة السعيدة. ط1. الكويت: وكالة المطبوعات.
- ابن عاشور، محمد طاهر (1978) تفسير التحرير والتنوير. تونس، الشركة التونسية للنشر والتوزيع.
- ابن عاشور، محمد طاهر (1978) مقاصد الشريعة الإسلامية. تونس: الشركة التونسية للتوزيع.
- ابن كثير، عماد الدين (1998). تفسير القرآن العظيم (تحقيق محمد إبراهيم البنا)، ط1، بيروت: مؤسسة علوم القرآن.
- ابن كثير، عماد الدين (2003). مختصر تفسير ابن كثير (اختصره: أحمد ابن شعبان بن أحمد، محمد بن عيادي بن عبد الحليم). القاهرة: مكتبة الصفا.
- ابن حجر، أحمد بن علي العسقلاني (2003). فتح الباري بشرح صحيح الإمام أبو عبد الله محمد بن إسماعيل البخاري. (تحقيق: محمد فؤاد عبد الباقي). بيروت: دار الكتب العلمية.
- أبو الرب، الرياض (1991). المعجم المفهرس لآيات القرآن الكريم. اربد: مؤسسة أبو الرب لاستثمار براءات الاختراع الدولية.
- بغا، مصطفى (1997). مختصر سنن النسائي. ط1. بيروت – دمشق: اليمامة للطباعة والنشر.
- أبو حوسة، موسى (1988). نظام الأسرة في الإسلام "دراسة في علم الاجتماع الأسري. ط1. عمان – الأردن: دار القدس للنشر والتوزيع.

- أبو حوسة، موسى (1988). نحو علم اجتماع إسلامي، مدخل لدراسة بعض خصائص المجتمع في الكتاب والسنة. ط1. عمان – الأردن: دار القدس.

- أبو داود، سليمان السجستاني (1952). سنن أبي داود. القاهرة: مكتبة ومطبعة مصطفى البابي الحلبي.

- أبو زهرة، محمد (1980). تنظيم الأسرة وتنظيم النسل. القاهرة: دار الفكر العربي.

- أبو زيد، نائل (1991). الأمن الاجتماعي من منظور القرآن الكريم. رسالة ماجستير غير منشورة، الجامعة الأردنية، عمان، الأردن.

- أبو علي مسكوية، أحمد بن محمد (1966). تهذيب الأخلاق. بيروت: مكتبة الجامعة الأمريكية.

- أبو ليلى، فرح (1994). تاريخ حقوق الزوج "دراسة فقهية مقارنة بقانون الأحوال الشخصية الأردني. ط1. عمان – الأردن: المكتبة الوطنية.

- الأزدي، محمد رضا الطباطبائي (1997). مبادئ الخلاق أو مختصر ـ جامع السعادات. ط3. بيروت: دار الصفوة.

- الأسد، ناصر الدين. (1995). الموجز في حقوق الإسلام. عمان: مؤسسة آل البيت.

- الألباني، محمد ناصر الدين. (1988). صحيح سنن النسائي باختصار السند. ط1. بيروت: المكتب الإسلامي.

- الألباني، محمد ناصر الدين. (1989). صحيح سنن أبي داود باختصار السند. ط1. ج1 بيروت: المكتب الإسلامي، مكتب التربية والتعليم لدول الخليج.

- الألوسي، نعمان والألباني، محمد (1985). الآيات البينات في عدم سماع الأموات عند الحنفية السادات. بيروت: المكتب الإسلامي.
- أمين، أحمد (1969). الأخلاق. بيروت: دار الكتاب العربي.
- الأنصاري، للقاضي زكريا (192). الآداب في تبليغ الآداب "مختصر- كتاب الأدب للبيهقي". ط1. اربد – الأردن: دار الفرقان.
- أيوب، حسن (1985). السلوك الاجتماعي في الإسلام. ط4، (د. م): دار البحوث العلمية.
- ابن أبي الدنيا، الحافظ (1987). الحلم. القاهرة: مكتبة القرآن.
- ابن العثيمين، صالح بن عبد العزيز، (1993)، مقاصد الإسلام، الدمام: دار ابن الجوزي.
- ابن تيمية، تقي الدين الحراني. (1988). رساةل في الغيبة "ضمن ثلاث رسائل في الغيبة" (تحقيق: حماد سلامة ومحمد عويضة) ط1. الزرقاء: مكتبة المنار.
- بدران، عبد الله والحاجي، محمد. (2003). مكارم الأخلاق "ابن تيمية أحمد بن عبد الحليم. ط1. بيروت: المكتبة العصرية.
- ابن حزم، أبو محمد علي. (1978). الأخلاق والسير في مداواة النفوس. ط1. بيروت: دار الآفاق الجديدة.
- ابن ماجة، محمد بن يزيد. (1980). سنن ابن ماجة. ج5. (تحقيق: فؤاد عبد الباقي). بي: دار الكتب العلمية.
- ابن مفلح، أبو عبد الله الحنبلي. (1996). الآداب الشرعية والمنح المرعية. ط1. بيروت: مؤسسة الرسالة.
- أبو ليلى، فرح. (1994). تاريخ حقوق الإنسان في التصور الإسلامي. "فكرية – سياسية – اجتماعية – اقتصادية"، (د. ن): د. م.

- أحمد ويحيى، أمينة. (1986). آداب المؤمن. (ج1). دمشق: مطبعة خالد بن الوليد.

- إسماعيل، عبد الرحمن. (1982). الإنسان والمجتمع من الناحية السلوكية. (د. م): الدار القومية للطباعة.

- أمام، محمد كمال. (1998). الزواج في الفقه الإسلامي "دراسة تشريعية وفقهية. الإسكندرية: دار الجامعة الجديدة.

- الخرائطي، الحافظ والبحيري، أيمن (1999) مكارم الأخلاق ومعاليها ومحمود طرائقها. ط1. القاهرة: دار الآفاق العربية.

- البخاري، أبو عبد الله محمد بن إسماعيل. (1987). صحيح البخاري. ط1. (تحقيق: محمد فؤاد عبد الباقي، وعبد العزيز بن باز). السعودية: دار الفكر.

- بدرانه، حازم. (2001). المبادئ التربوية في سياق القرآن الكريم والسنة النبوية الشريفة. رسالة ماجستير غير منشورة، جامعة اليرموك، اربد، الأردن.

- بدران، أبو العينين. (د. ت). الزواج والطلاق في الإسلام. الإسكندرية: مؤسسة شباب الجامعة.

- بدران، شبل ومحفوظ، أحمد (1994). في أصول التربية. ط1. الإسكندرية: دار المعرفة الجامعية.

- بني عطا، محمود (1995). أثر العوامل الاجتماعية والاقتصادية على اتجاهات الأسر نحو الخصوبة في محافظة عجلون، رسالة ماجستير غير منشورة، الجامعة الأردنية، عمان، الأردن.

- بني عيسى ـ زكريا (2001)، مفهوم العدل في التربية الإسلامية وانعكاساتها التربوية. رسالة ماجستير غير منشورة، جامعة اليرموك، اربد، الأردن.

- البوطي، محمد سعيد. (1980)، منهج تربوي فريد في القرآن. ط2. دمشق – سورية: مكتبة الفارابي. فريد، أحمد (1999). التربية على منهج أهل السنة والجماعة. (د. ط). القاهرة: الدار السلفية.

- الترمذي، أبو عيسى محمد بن عيسى. (1988)، سنن الترمذي. تحقيق: محمد ناصر الألباني وزهير الشاويش، الرياض: كتب التربية العربي لدول الخليج.

- التل، سعيد (1996). التعليم الجامعي في الأردن بين الواقع والطموح. رسالة مجلس الأمة، تعليم عالي – عمان: مجلس الأمة.

- الجوهري، عبد الهادي (1982). دراسات في التنمية الاجتماعية "مدخل إسلامي" القاهرة: مكتبة نهضة الشرق.

- الجوابرة، فيصل. (2002). المرويات الواردة في صلة الرحم "جمعاً ودراسةً". رسالة ماجستير غير منشورة،، الجامعة الأردنية، عمان، الأردن.

- الجيار، سيد. (1973)، التوجيه الفلسفي والاجتماعي للتربية. (د. م): مكتبة غريب.

- حاتم، محمد عبد القادر (1995). الأخلاق في الإسلام. القاهرة: الهيئة المصرية العامة للكتاب.

- الحجاج، محمد (1998). أنماط التنشئة الأسرية، والمستويات الاجتماعية، والاقتصادية والثقافية السائدة لدى الجانحين في مراكز الإصلاح والتأهيل في الأردن. رسالة ماجستير غير منشورة،، الجامعة الأردنية، عمان، الأردن.

- الحجازي، محمد (1969). التفسير الواضح. ط6، بيروت. دار الجيل.

- حسان، محمد وأحمد، عبد السميع وسليمان، سعيد والراوي، محمد. (1998). أصول التربية. ط4، الإمارات: دار الكتاب الجامعي.

- حسن، أمينة. (1985). نظرية التربية في القرآن وتطبيقاتها في عهد الرسول عليه الصلاة والسلام. ط1. القاهرة: دار المعارف.

- حسن، محمود. (1981). الأسرة ومشكلاتها. بيروت: دار النهضة العربية.

- حسين، محمد. (1976). الهداية الإسلامية. القاهرة: عضو المجتمع اللغوي - دمشق: المجتمع العلمي العربي.

- الحسيني، فضل الله علي. (1978). الأخلاق الإسلامية. ط2. بيروت - لبنان: دار الزهراء.

- حطب. زهير. (1978). تطور بني الأسرة العربية والجذور التاريخية والاجتماعية لقضاياها المعاصرة. لبنان: معهد الإنماء العربي.

- الحليبي، أحمد. (1994). المسؤولية الخلقية والجزاء عليها "دراسة مقارنة". ط1. الرياض: مكتبة الرشد.

- حمد، أحمد حمد. (1983). الأسرة التكوين، الحقوق والواجبات "دراسة مقارنة في الشريعة الإسلامية". ط1. الكويت: دار القلم.

- حمودة، محمود وعساف، محمد مطلق. (2000). فقه الأحوال الشخصية. عمان - الأردن: مؤسسة الوراق.

- الحياري، حسن أحمد. (1994). أسرار الوجود وانعكاساتها التربوية. اربد: دار الأمل.

- الحياري، محمود. (1999). القيم الإسلامية المطلقة والنسبية "ورقة عمل مقدمة لمؤتمر القيم والتربية في عالم متغير. 27-1999/7/19- جامعة اليرموك، اربد، الأردن.

- الخذيري، الطاهر. (2002). المقاصد الشرعية المتعلقة بالأسرة ووسائلها. رسالة ماجستير غير منشورة، الجامعة الأردنية، عمان، الأردن.

- خشبة، عبد المقصود. (1991). تهذيب الأخلاق في الإسلام. القاهرة: دار الثقافة العربية.

- خلاف، عبد الوهاب. (1990). أحكام الأحوال الشخصية في الشريعة الإسلامية. الكويت: دار القلم.

- الخولي، سناء. (1993). الزواج والعلاقات الأسرية. الإسكندرية: دار المعرفة الجامعية.

- خيار، سهام. (1997). الطفل في الشريعة الإسلامية ومنهج التربية النبوية. (د. م): المكتبة العصرية للطباعة والنشر.

- داليه، خضر. (1988). الإصلاح الاجتماعي في تفسير المنار. رسالة ماجستير غير منشورة، الجامعة الأردنية، عمان، الأردن.

- الدجوي، أحمد سعيد. (1997). فتح الخلاق في مكارم الأخلاق. ط2، دمشق. دار المحبة.

- الدسوقي، محمد. (1986). من قضايا الأسرة في التشريع الإسلامي. ط1. قطر – الدوحة: دار الثقافة.

- الرباعي، زهير (2002). دور مناهج التربية الفنية للمرحلة الأساسية في اكتساب القيم التربوية كما يتصورها المعلمون. رسالة ماجستير غير منشورة، جامعة اليرموك، اربد، الأردن.

- رجب، مصطفى. (1998). نحو ثقافة إسلامية. القاهرة: المطبعة الذهبية.

- رزاز، ملكة. (1994). طاعة الزوجة لزوجها بين الحق والواجب في الشريعة الإسلامية والشرائع الأخرى. رسالة دكتوراه غير منشورة، جامعة القاهرة، القاهرة، مصر.

- الرشدان، عبد الله زاهي. (1987). المدخل إلى التربية. عمان: دار الفرقان.

- رشوان، حسين. (2003). الأسرة والمجتمع "دراسة في علم اجتماع الأسرة" الإسكندرية: مؤسسة شباب الجامعة.

- رضا، محمد رشيد، (1973)، تفسير القرآن الحكيم الشهير بتفسير المنار، بيروت: دار المعرفة.

- رضوان، زينب. (1982). النظرية الاجتماعية في الفكر الإسلامي. ط1. القاهرة: دار المعارف.

- رفعت، محمد جمال. (د. ـ). آداب المجتمع في الإسلام. (بعناية: عبد الله إبراهيم الأنصاري). قطر: مطابع الخليج.

- رمضان، علي محمد. (1998). الدر الربيع المستخرج من مصادر التشريع. (د. ط). الإسكندرية: المكتب الجامعي الحديث.

- الرميضي، بدر. (1999). خصائص الأمة الإسلامية كما يصورها القرآن الكريم. رسالة ماجستير غير منشورة، جامعة الكويت، الكويت.

- الزحيلي، وهبه. (1997). الفقه الإسلامي وأدلته. ط4، بيروت: دار الفكر.

- الزحيلي، وهبه. (2002). أخلاق المسلم وعلاقته بالخلق. ط1. دمشق: دار الفكر، بيروت – لبنان: دار الفكر المعاصر.

- الزقزوق، محمود. (1980). مقدمة في علم الأخلاق. ط2. الكويت: دار القلم.

- الزلمي، مصطفى. (1984). مدى سلطان الإرادة في الطلاق في شريعة السماء وقانون الأرض خلال أربعة آلاف سنة. ج2. بغداد: مطبعة العاني.

- الزناتي، عبد الحميد. (1984). أسس التربية الإسلامية في السنة النبوية. (د. م). دار العربية للكتاب.

- الزيوت، عبد الله . (2002). الإحسان في القرآن الكريم "دراسة موضوعية". رسالة ماجستير غير منشورة،، جامعة آل البيت، المفرق، الأردن.

- سالم، أحمد. (1996). بناء الأسرة في هدى القرآن طريقنا لبناء المجتمع المؤمن وحل المشكلات المعاصرة. ط1. دمشق: الهالي للنشر والتوزيع.

- السرحان، منير. (1978). في اجتماعيات التربية. ط2. مصرـ: مكتبة الأنجلو المصرية.

- سعود، عبد الوهاب التازي. (1991 م). الأخلاق الإسلامية. اسيسكو – الرباط: منشورات المنظمة الإسلامية للتربية والعلوم والثقافة.

- سلامة، حسين. (1993). في نور القرآن. القاهرة: الهيئة المصرية العامة للكتاب.

- سلسلة ندوات الحوار بين المسلمين. (1995). الموجز في الحقوق في الإسلام. الأردن: مؤسسة آل البيت.

- السلمان، عبد العزيز. (1992). الكنوز الملية في الفرائض الجلية. الرياض: مطابع المدينة.

- شحاتة، عبد الله . (2003). قطوف إيمانية من الآداب الإسلامية. ط2. القاهرة: نهضة مصر للطباعة والنشر.

- شرقاوي، معزوز. (1998). أسس وأخلاقيات التعلم في ضوء أهداف التربية الإسلامية. رسالة ماجستير غير منشورة، جامعة اليرموك، اربد، الأردن.

- الشريفين، عماد. (2002). تعديل السلوك الإنساني في التربية الإسلامية. رسالة ماجستير غير منشورة، جامعة اليرموك، اربد، الأردن.

- الشلبي، محمد مصطفى. (1983). أحكام الأسرة في الإسلام "دراسة مقارنة بين فقه المذاهب السنية والمذهب الجعفري والقانون. ط4، بيروت: دار القلم.

- الشيبي، محمد. (2000). أصول التربية الاجتماعية والثقافية والفلسفية. ط1. القاهرة: دار الفكر العربي.

- صالح، سعاد. (1980). علاقة الآباء بالأبناء في الشريعة الإسلامية "دراسة فقهية مقارنة"، ط1. جدة – السعودية: دار تهامة.

- الطبيب، أحمد. (1999). أصول التربية. الإسكندرية: المكتب الجامعي الحديث.

- الطريقي، عبد الله . (1983). تنظيم النسل وموقف الشريعة الإسلامية منه. ط1. الرياض. د. ن.

- عامر، عبد العزيز. (1984). الأحوال الشخصية في الشريعة الإسلامية فقهاً وقضاء الزواج. ط1. القاهرة: دار الفكر العربي.

- العبانبة، لؤي (2001) التربية المعرفية للأطفال في الإسلام "دراسة تربوية" رسالة ماجستير غير منشورة، جامعة اليرموك، اربد، الأردن.

- العبادي. أحمد. (1996). الإسلام وهموم الناس "سلسلة كتاب الأمة" رقم (49). ط1. (د. م)، (د. ن).

- العبادي، عبد الله . (1983). من الآداب والأخلاق الإسلامية. صيدا، بيروت: منشورات المكتبة العصرية.

- عبد الباقي، زيدان. (1974). علم الاجتماع الحضري والمدن المصرية. القاهرة: مكتبة النهضة المصرية.

- عبد الباقي، محمد فؤاد. (د. ت). المعجم المفهرس لألفاظ القرآن الكريم. بيروت – مؤسسة مناهل العرفان، دمشق: مكتبة الغزالي.

- عبد البـاقي، أحمـد ويحيـى، أمينـة. (1986). أدب المـؤمن. أدبنـي ربي فأحسـن تأديبي، حديث شريف. (د. م). (د. ن).

- عبد الرحمن، فاضل عبد الواحد. (1996). أصول الفقه. ط1. عمان، الأردن، دار المسيرة.

- عبـد الفتـاح، سـيد (1994). موسـوعة الأم في الـدين والآداب والتـاريخ. ط1. القاهرة: الدار المصرية اللبنانية.

- عبد اللطيـف، عبـد العزيـز. (1993). معالـم في السـلوك وتزكيـة النفوس. ط1. الرياض: دار الوطن.

- عبد الواحد، مصطفى. (1984). الأسرة في الإسلام. ط4، دار البيان العربي: جده.

- عبده، محمد. (1342). تفسير القرآن الحكيم الشهير بتفسير المنـار. تحقيق: محمد رشيد رضا، بيروت لبنان: دار المعرفة للطباعة والنشر.

- العريزي، عزت والعبادي، عبد السلام والخطيـب، عـز الـدين. (1984). الثقافـة الإسلامية. مسقط: وزارة التربية والتعليم وشؤون الشباب.

- العصيمي، فهد. (1987). خطة الإسلام في ضمان الحاجات الأساسية لكـل فـرد. رسـالة ماجسـتير غـير منشـورة، المعهد العـالي للقضـاء، وزارة التعليـم العـالي، السعودية.

- العفيفي، محمـد الصـادق. (1983). المجتمـع الإسلامي وبناء الأسرة. القاهرة: مكتبة الأنجلو المصرية.

- عقلة، محمد. (1986). النظام الأخلاقي في الإسلام. ط1. عـمان، الأردن: مكتبـة الرسالة الحديثة.

- عقلـة، محمـد. (1989). نظـام الأسرة في الإسلام. ط2. عـمان: مكتبـة الرسالة الحديثة.

- عقلـة، محمـد. (1982). الإسـلام. حقيقتـه وموجباتـه. عمان: مكتبـة الرسـالة الحديثة.

- العكـك، خالـد (2000). بنـاء الأسـرة المسـلمة في ضـوء الكتـاب والسـنة. ط3 – بيروت – لبنان: دار المعرفة.

- عـلي، الجليـل أحمـد. (2001). الأسـرة المسـلمة في ضـوء الكتـاب والسـنة. الإسكندرية: مكتبة ومطبعة الإشعاع الفنية.

- علي، محمد. (1999). الشخصية الإسلامية في ضـوء الكتـاب والسنة التحـديات التي تواجهها وسبل مواجهتها. رسالة دكتوراه غيـر منشورة، جامعـة أم القـرى والعلوم الإنسانية، الخرطوم، السودان.

- عمارة، محمود محمد. (1992). أولادنا كيف نُربي أولادنا في ضـوء الإسـلام. ط1. بيروت: دار الخير للطباعة والنشر.

- العمري، سلام. (1998). العوامل الاجتماعية الأسرية المؤثرة في مدى التزام طلبة جامعة اليرموك بالقيم الإسلامية. رسالة ماجستير غير منشورة، جامعـة اليرموك، اربد، الأردن.

- العوا، عادل. (1983). دراسات أخلاقية. ط1. (د. ن). جامعة دمشق.

- عيسى، عبد غالب. (1985). آداب المعاملة في الإسلام. ط1. بيروت – لبنـان: دار ابن زيدون.

- العيسى، وليد. (2000). الشـورى في الإسـلام ومـدى وضـوحها لـدى عينة مـن المفكرين الأردنيين وبيان بعض ممارساتها التربوية. رسالة ماجستير غير منشورة، جامعة اليرموك، اربد، الأردن.

- الغرياني، صادق. (1992). الزفاف وحقوق الزوجين الأحكام والآداب التي يحتاج إليها الرجل والمـرأة منـذ التفكير في... الـخ. ط1. طـرابلس – ليبيـا: دار الكتـب الوطنية.

- الغزالي، أبو حامد الطوسي. (1994). إحياء علوم الدين. ط3، بيروت دار الخير.
- الغزالي، محمد. (1980). خلق المسلم. ط2، بيروت - دمشق: دار القلم.
- الغفنان، سعد بن خلف. (1992). في علم الأخلاق. ط1. حائل - السعودية: مطابع النهضة الوطنية.
- فائز، أحمد. (1980). دستور الأسرة في ظلال القرآن. ط1. (د. م)، (د. ن).
- فالابريج، كاترين وكامل، يوسف. (1974). ضبط النسل وتنظيم النسل. (ترجمة: يوسف كامل). القاهرة: الهيئة المصرية العامة للكتاب.
- فخري، ماجد. (1978). الفكر الأخلاقي العري. ج1، بيروت: الأهلية للنشر والتوزيع.
- الفندي، عبد السلام عطوه. (2003). تربية الطفل في الإسلام، أطوارها، آثارها، وثمارها، ط1، عمان، الأردن: دار الرازي - دار ابن حزم.
- الفنيش، أحمد علي. (1982). أصول التربية. ليبيا: الدار العربية للكتاب.
- القائمي، علي. (1996). تكوين الأسرة في الإسلام. بيروت دار النبلاء.
- قبلان، عبد الأمير، (1981). خُلق المؤمن. ط2، لبنان - بيروت: الدار العالمية.
- قراعة، محمد علي. (1978). الأخلاق في الإسلام من أحاديث الرسول ومن فتاوى ابن تيمية. القاهرة: دار مصر للطباعة.
- القرضاوي، يوسف. (1995). في الطريق إلى الله "النية والإخلاص". ط1، القاهرة: مطبعة المدني.
- القرطبي، أبو عبد الله محمد بن أحمد. (1993). الجامع لأحكام القرآن. بيروت - لبنان: دار الكتب العلمية.

- القرطبي، أبو عبد الله والسيد، مجدي. (1995). الصحيح من التذكرة في أحوال الموتى وأمور الآخرة. طنطا: دار الصحابة للتراث.
- القسطلاني، شهاب الدين. (1996). إرشاد الساري لشرح صحيح البخاري. (تحقيق: محمد عبد العزيز الخالدي). ط1، بيروت: دار الكتب العلمية.
- القضاة، علي عبد الله . (2002). حقوق الزوج "دراسة فقهية مقارنة بقانون الأحوال الشخصية الأردني. ط1، عمان، الأردن - المكتبة الوطنية.
- القطارنة، علي. (1998). فقه الأسرة وأثره في السلام البيتي في الإسلام "المرأة والزواج" عمان: (د. ن).
- قطب، سيد. (1992). في ظلال القرآن. ط22، بيروت: دار الشروق.
- قطب، محمد. (1980). تحفة العريس والعروس في ضوء الإسلام. القاهرة: دار الأنصار.
- قطب، سيد. (1983). تفسير آيات الربا. بيروت: دار الشروق.
- القيسي، مروان. (1985). دراسات في الأسرة في الإسلام. عمان: دار الكتب الإسلامية.
- الكايند، ديفيد ووانير، ايرفينيغ. (1996). نمو الطفل الجزء الثاني من الطفولة المتوسطة إلى نهاية المراهقة. (ترجمة ناظم الكحان). دمشق: منشورات وزارة الثقافة.
- الكردي، أحمد الحجي. (1986). الأحوال الشخصية، الأهلية، والنيابة الشرعية، والوصية، والوقف، والتركات، دمشق: المطبعة الجديدة.
- الكرمي، زهير. (2000)، الإنسان والعائلة، ط1، عمان، الأردن، دائرة المكتبة الوطنية.

- الكسواني، سالم. (1985). محاضرات مختارة في تنظيم الأسرة. عمان، الأردن، جمعية تنظيم الأسرة.

- الكيلاني، ماجد، (1996). مقومات الشخصية المسلمة أو الإنسان الصالح. ط1، السعودية: مكتبة دار الاستقامة.

- اللآري، مجتبي المؤسوي. (1989). رسالة الخلاق. ط1، لبنان: الدار الإسلامية للطباعة والنشر.

- اللبابنة، أحمد. (2002) مفهوم المدارس الفلسفية للطبيعة الإنسانية وانعكاساتها على العملية التربوية. رسالة ماجستير غير منشورة، جامعة اليرموك، اربد، الأردن.

- المالكي، الحافظ ابن العربي. (د. ت). عارضة الأحوذي بشرح صحيح الترمذي. ج1، سوريا: دار العلم للمجتمع.

- المالكي، عبد المنعم والقرطبي، أبو عبد الله ، (1993). أحكام الرسول صلى الله عليه وسلم في قضايا القتل، الزواج، والرجم، الطلاق، السرقة، البيوع، الجهاد، الوصايا، القاهرة: الدار المصرية البلبنانية.

- الماوردي، أبو الحسن والسقا، مصطفى وسكر، محمد. (1918). أدب الدنيا والدين. (د. ط). بيروت: دار إحياء علوم الدين.

- مبيض، محمد سعيد. (1982). الآداب الاجتماعية في الإسلام. قطر: مطابع الخليج.

- المحفوظ، محمد جمال. (1977). تربية المراهق في المدرسة الإسلامية. القاهرة: الهيئة المصرية العامة للكتاب.

- المرزوق، عبد الصبور. (1995). معجم الأعلام والموضوعات في القرآن الكريم. ط1، القاهرة: دار الشروق.

- مرسي، محمد. (2003). فلسفة التربية واتجاهاتها ومدارسها، القاهرة: مكتبة عالم الكتب.
- مرسي، أحمد علي. (2001)، أصول التربية. عمان. دار المناهج للنشر والتوزيع.
- مرعي، إبراهيم. (1979). الطفولة في الإسلام. القاهرة: دار الاعتصام.
- المرهج، ريتا. (2001). اولادنا من الولادة حتى المراهقة "مرشد شامل في تطور الأولاد. (د. ط). بنات: تلفزيون المستقبل - انترناشونال للنشر والطباعة.
- المشكييني، علي. (1991). مسلكنا في الأخلاق والأصول والفروع. بيروت- لبنان: دار الهادي.
- المشوخي، إبراهيم. (1982). آفات اللسان. الزرقاء - الأردن: مكتبة المنار.
- مطاوع، إبراهيم. (1991). أصول التربية. ط4، القاهرة: المكتب المصري الحديث.
- المطهري، مترضي. (1991). تحقيق: نظرية نسبية الأخلاق. ط1. بيروت - لبنان: دار البلاغة.
- المظاهري، حسين. (1994). أخلاقيات العلاقة الزوجية. ط1، سوريا: دار التعارف للمطبوعات.
- المغربي، عبد القادر. (1344). الأخلاق والواجبات. القاهرة: المطبعة السلفية.
- مفرج، أحمد. (1999). القيم التربوية في القرآن الكريم. رسالة ماجستير غير منشورة، جامعة اليرموك، اربد، الأردن.

- مفيدة، أحمد. (1997). القيادة التربوية في الإسلام. ط1. عمان: دار مجدلاوي.

- المقوسي، ياسين. (1997). حقوق الطفولة في الشريعة الإسلامية وأثرها وقاية الأحداث من الجريمة، رسالة ماجستير غير منشورة، الجامعة الأردنية عمان، الأردن.

- المهنا، احمد. (1982). التربية في الإسلام. القاهرة: مطابع دار الشعب.

- موسى، محمد يوسف. (1994). فلسفة الأخلاق في الإسلام وصلاتها بالفلسفة الإغريقية، ط3، القاهرة: مكتبة الخانجي.

- المولى بك، محمد. (1936). الخلق الكامل. القاهرة: المطبعة العثمانية المصرية.

- ناصر، إبراهيم. (1988). أسس التربية. ط1. عمان، الأردن: جمعية أعمال المطابع التعاونية.

- ناصر، إبراهيم. (2004)، أصول التربية "الوعي الإنساني". ط1. عمان، الأردن مكتبة الرائد.

- النسائي، أبو عبد الرحمن أحمد بن شعيب. (1988). سنن النسائي، تحقيق: محمد ناصر الدين الألباني وزهير الشاويش، الرياض: مكتب التربية العربي لدول الخليج.

- النووي، محيي الدين يحيى. (1929). صحيح مسلم بشرح النووي، ج13، ج14، بيروت: مؤسسة مناهل العرفان – دمشق: مكتبة الغزالي.

- الهزايمة، لؤي. (1997). دور التربية الإسلامية في بناء العلاقات الاجتماعية. رسالة ماجستير غير منشورة، جامعة اليرموك، اربد، الأردن.

- هويز، هوف وسكوتشمر، كرستين. (1993). الأطفال من أجل الصحة. (ترجمـة) عمان: جمعية طفل إلى طفل بالتعاون مع اليونسف – المكتبة الوطنية – قسـم فهرسة المطبوعات.

- ونسنك، منسنج. (1931). المعجم المفهرس لألفاظ الحديث النبوي عـن الكتـب الستة وعن مسند الدارمي وموطأ مالك ومسند أحمد بن حنبل. لندن: مطبعـة بريل.

- اليازجي، ندره، 1998). الأعمال الكاملـة، ط1، مـج1، دمشـق: دار علاء الـدين للنشر والتوزيع والترجمة.

- يالجن، مقداد. (1973). الاتجاه الأخلاقي في الإسلام "دراسـة مقارنـة". ط1، (د. م)، (د. ن).

- اليعقوبي، نظام. (1403). قرة العينين في فضائل بر الوالدين. لبنان – بـيروت دار النفائس.

Printed in the United States
By Bookmasters

T0300951